COZINHANDO com economia

CARDÁPIOS, RECEITAS E LISTAS DE COMPRAS PARA AS QUATRO ESTAÇÕES

Gerente/Publisher: Jeane Passos de Souza (jpassos@sp.senac.br)
Coordenação Editorial/Prospecção: Luís Américo Tousi Botelho (luis.tbotelho@sp.senac.br)
Marcia Cavalheiro R. de Almeida (mcavalhe@sp.senac.br)
Administrativo: João Almeida Santos (joao.santos@sp.senac.br)
Comercial: Marcos Telmo da Costa (mtcosta@sp.senac.br)
Edição de Texto: Adalberto Luis de Oliveira
Coordenação de Revisão de Texto: Luiza Elena Luchini
Revisão de Texto: Sandra Regina Fernandes
Projeto Gráfico, Editoração Eletrônica e Capa: Antonio Carlos De Angelis
Fotografias: Getty Images
Impressão e Acabamento: Coan Indústria Gráfica

Dados Internacionais de Catalogação na Publicação (CIP)
(Jeane Passos de Souza - CRB 8ª/6189)

Costa, Zenir Dalla
Cozinhando com economia: cardápios, receitas e listas de compras para as quatro estações / Zenir Dalla Costa e Cláudia Moraes. – São Paulo : Editora Senac São Paulo, 2019.

ISBN 978-85-396-2610-6 (impresso/2019)
e-ISBN 978-85-396-2611-3 (ePub/2019)
e-ISBN 978-85-396-2612-0 (PDF/2019)

1. Culinária 2. Culinária prática (receitas e preparo) 3. Culinária : Aproveitamento de alimentos 4. Culinária sazonal 5. Produtos da estação : Alimentos (receitas e preparo) 6. Compra de alimentos : Avaliação I. Título.

18-874s

CDD – 641.5
641.564
BISAC CKB101000
CKB077000

Índice para catálogo sistemático:
1. Culinária prática (receitas e preparo) 641.5
2. Culinária sazonal 641.564

Editora Senac São Paulo
Rua 24 de Maio, 208 – 3º andar – Centro – CEP 01041-000
Caixa Postal 1120 – CEP 01032-970 – São Paulo – SP
Tel. (11) 2187-4450 – Fax (11) 2187-4486
E-mail: editora@sp.senac.br
Home page: http://www.livrariasenac.com.br

As fotografias das receitas deste livro são ensaios artísticos e não necessariamente reproduzem as proporções e a realidade das receitas, as quais foram selecionadas e testadas pelas autoras. Na realidade, seu resultado efetivo será sempre uma interpretação pessoal, dependendo da habilidade e da criatividade de cada leitor.

ZENIR DALLA COSTA & CLÁUDIA MORAES

COZINHANDO com economia

CARDÁPIOS, RECEITAS E LISTAS DE COMPRAS PARA AS QUATRO ESTAÇÕES

Editora Senac São Paulo – São Paulo – 2019

Sumário

Nota do editor

Estar atento às mudanças das estações do ano e variar a alimentação segundo esse ciclo favorece o bolso e a saúde, além de propor outra relação com o nosso dia a dia: ficamos mais antenados com o meio ambiente, com a geração de resíduos e com o desperdício de alimentos – questões urgentes do mundo moderno pautado pelo consumo consciente.

As autoras Zenir Dalla Costa e Cláudia Moraes elaboraram para este livro um cardápio completo, com receitas para café da manhã, almoço e jantar ou lanche, considerando uma semana para cada estação do ano. Essa primeira semana serve de sugestão para as próximas semanas da mesma estação, quando outros ingredientes poderão compor o novo cardápio!

O livro traz ainda quatro encartes, nos quais encontramos a quantidade necessária de ingredientes para a elaboração dos cardápios de cada estação, com sugestões de listas de compras, que têm por base os produtos disponíveis no site da Ceagesp – centro de distribuição importante se queremos nos orientar em relação aos produtos oferecidos pelas estações do ano. Evidentemente esses produtos variam, uma vez que o Brasil é um território bastante amplo. Dessa forma, somos desafiados a fazer substituições adequadas aos cardápios sugeridos.

Cozinhando com economia: cardápios, receitas e listas de compras para as quatro estações é um lançamento do Senac São Paulo para todos os que desejam desfrutar do que a natureza tem de melhor a oferecer!

Introdução

A alimentação sempre foi uma condição básica da humanidade. E os homens, em seus primórdios, como ainda não conheciam o cultivo de plantas e cereais e não dominavam a domesticação de animais, para garantir seu alimento, tinham de caçar. Logo perceberam também que obtinham mais sucesso em sua empreitada se caçassem em grupo e, assim, passaram a consumir o produto da caça em pequenas sociedades. Quando desenvolveu técnicas de agricultura, e para que não faltasse o alimento, o homem foi se tornando sedentário. Passou a viver em sociedades maiores, dominou o cultivo de cereais e depois, por meio de tentativa e erro, foi selecionando e cultivando as espécies mais produtivas. Com o mesmo desejo de dominar a natureza, domesticou animais, passando a criá-los e abatê-los no momento da necessidade de consumo. Observou que o fogo melhorava o sabor dos alimentos, tornando-os mais fáceis de mastigar e digerir; criou ou descobriu métodos de conservação; e aprimorou suas maneiras de preparar o alimento.

Com o aumento do número de comunidades, os grupos começaram a disputar o controle dos recursos, principalmente os alimentares, o que ocasionou o desenvolvimento de instrumentos e o surgimento de rotas comerciais que pudessem levar o homem para além das terras que conhecia e que eram dominadas por seu grupo. Guerreou por territórios, conquistou e colonizou novas terras. Cruzou os oceanos, descobriu outros continentes e, embora tendesse a impor sua cultura alimentar, a ensinar formas de cultivo, de preparo e de consumo de sua comida, sempre esteve em busca de novos ingredientes.

Segundo especialistas em cultura, **a alimentação é um dos principais traços que caracterizam um povo, por meio dela seus integrantes se reconhecem, se identificam**. Por isso, até nos dias atuais, convidar alguém para almoçar ou jantar em sua casa é um dos atos de hospitalidade mais genuínos.

Mas essa importância dada atualmente à alimentação no desenvolvimento humano nem sempre foi clara. Por tratar-se de ato cotidiano, que geralmente acontecia no interior do lar sempre como uma tarefa feminina, foi considerado, por muito tempo, objeto de menor importância na história e nos estudos acadêmicos e científicos. Na verdade, porém, era o momento da união das famílias. Em torno das mesas se resolviam os problemas não só domésticos como também políticos. Ali se comemoravam as conquistas, se marcavam posições sociais e se firmavam relacionamentos afetivos ou comerciais.

No entanto, assim como acontece com as civilizações, o ato de se alimentar sofreu, e vem sofrendo, muitas alterações ao longo da história. Uma das principais foi quando a economia de "predação" deu lugar à economia de "produção". Essa transição, segundo Montanari (2013, p. 21), especialista em história medieval e da alimentação, "representou uma mudança decisiva na relação entre homens e território e na cultura dos homens".

Essas alterações têm sido registradas e tratadas em estudos mais recentes, mas eram bem pouco relatadas até os anos 1980. Nos tempos modernos, por exemplo, vários fatores influenciaram outras mudanças, como a saída da mulher para o mercado de trabalho após o término da Segunda Guerra Mundial, a necessidade de se alimentar próximo das zonas industriais e de comércio, normalmente longe das áreas de moradia dos trabalhadores, etc. Com isso se deu o desenvolvimento de processos para tornar a alimentação mais prática e rápida e a fortificação da indústria dos alimentos.

Considerando o Brasil, outro fator que influencia os hábitos alimentares é a situação agrícola do país. Apesar de ouvirmos ou lermos em muitos lugares que a variedade de ingredientes no Brasil é grande – graças ao clima, ao tamanho do território e à biodiversidade das nossas florestas –, a verdade é que o foco da agricultura para a produção de alimentos é voltado para a exportação ou comercialização em massa. Com isso a produção de itens para o mercado interno ou que não sejam tão valorizados comercialmente vai diminuindo e, hoje, muitos ingredientes que eram comumente usados já desapareceram não só das feiras livres como das prateleiras dos supermercados.

Esses ingredientes ficaram na memória das pessoas mais antigas, e quando elas falam sobre suas comidas preferidas da infância sempre citam nomes de produtos que não conhecemos ou que não achamos graça nenhuma em comer, por total falta de hábito. São geralmente legumes, frutas ou verduras, itens de produção de horta, que não colocamos nos cardápios aqui citados para não impedir a produção dos pratos, pois sabemos que não são encontrados com facilidade, mas sugerimos que, caso você tenha alguma planta alimentícia não convencional (PANC) em seu quintal, se informe sobre ela e a utilize para substituir algum ingrediente citado nas receitas deste livro ou de outras receitas que você conheça.

Michael Pollan (2009), jornalista, escritor e crítico feroz da dieta alimentar proposta pelos países altamente industrializados – que se baseia no consumo de alimentos processados – sugere: **"não coma nada que sua avó não reconheceria como comida!"**. Contudo, atualmente, o simples ato da escolha do nosso alimento parece não ser uma tarefa muito simples. Para tanto é preciso ter consciência de que para nos alimentarmos de forma prazerosa e com qualidade é necessário dedicarmos algum tempo de nossa rotina para elaborar o cardápio, comprar os insumos e trabalhar cada ingrediente de forma a aproveitar o máximo dele, gerando uma refeição que agrade o paladar das pessoas para as quais está sendo preparada.

Este livro vem auxiliar nessa tarefa! Para a construção dos cardápios, as estações do ano no hemisfério Sul foram utilizadas como referência, e a sazonalidade dos alimentos foram as premissas para a criação das receitas.

Com o objetivo de aproveitar o que de melhor cada estação pode nos oferecer, os cardápios sazonais sugerem insumos de melhor qualidade e disponibilidade abundante para compra, o que reduz significativamente o custo. São quatro cardápios semanais completos, um para cada estação, contendo sugestões de receitas que visam uma alimentação prazerosa, sustentável e saudável.

Ao elaborar este livro pudemos rever não só as receitas do nosso dia a dia que mais nos renderam elogios e satisfação como também rever nossas práticas de consumo dos alimentos, pensar nas diversas maneiras de otimizar os ingredientes, utilizando-os de forma mais integral, com o cuidado de analisar as características organolépticas dos produtos. Isso tudo fez com que as escolhas das receitas fossem mais criteriosas. No entanto, não esperem encontrar neste livro apenas receitas de aproveitamento com uso exclusivo de talos e folhas ou de sobras. Essa não foi a intenção. Queremos apresentar para os leitores opções de alimentos gostosos, com aproveitamento inteligente de ingredientes que sejam acessíveis e que agradem ao paladar do brasileiro.

É um livro para facilitar a vida de quem gosta de cozinhar por inúmeros motivos, como alimentar-se melhor, cuidar da saúde, economizar ou ainda acarinhar a família com alimentos saudáveis e gostosos, e, claro, receber os elogios. Acreditamos que a leitura será importante não só para a realização das receitas mas também para um novo pensar do ato de comer.

O livro está dividido em quatro capítulos. No capítulo 1, a primavera está representada nos pratos cujas receitas primam por produções que encantam pela beleza e pelo aroma. No capítulo 2, foram apresentadas receitas que satisfazem o apetite de forma refrescante, visando a utilização de ingredientes que estão em destaque no verão. No capítulo 3, as receitas que representam o outono aparecem para marcar a transição entre o verão e o inverno, trazendo receitas com mistura de frescor e sabores marcantes. No capítulo 4, as preparações aquecem os mais exigentes paladares, e a diversidade dos alimentos da estação do inverno se misturam, tornando o ato de se alimentar um momento de prazer e acolhimento.

Sabemos que este livro não será capaz de retratar a disponibilidade de ingredientes de todas as regiões do Brasil, seja pelo clima e sua extensão territorial, seja pelas inúmeras diferenças de produção, relevo e até mesmo de hábitos alimentares. Por esse motivo utilizamos as planilhas de produtos que estão disponíveis no site da Ceagesp, por se tratar de um dos maiores centros de distribuição do país, além de ser o centro de distribuição da região onde vivemos e onde nossos hábitos alimentares foram construídos.

Sugerimos aos nossos leitores que façam substituições de ingredientes nas receitas indicadas por outros que sejam mais comuns em sua região e que ofereçam melhor custo e qualidade no momento de preparo das receitas.

O objetivo deste livro não é proporcionar aos leitores receitas fixas e imutáveis, mas apontar caminhos para possíveis substituições. Por isso, várias receitas trazem dicas de como realizá-las, além de diferentes modos de preparo e formas de armazenamento para que as sobras sejam aproveitadas em uma próxima refeição.

Outra informação importante: quem optar por fazer os cardápios semanais sugeridos fará compras bastante variadas. Muitos itens estão em quantidades pequenas, o que acarretará um trabalho maior no momento de fazer essas compras. Contudo, a diversidade de itens resultará, com certeza, em uma alimentação completa no aspecto nutricional. Ao final do livro, o leitor terá as listas de compras para cada dia do cardápio e a somatória da semana para que possa escolher entre seguir o cardápio diário ou semanal.

E, finalmente, este livro baseia-se na experiência de duas autoras que moram em ambientes urbanos diferenciados: uma residindo na capital e outra em uma cidade do interior. A complexidade das representações sociais do contexto em que cada uma está inserida e suas vivências em diferentes regiões do país serviram de base para a construção de cardápios que atendam uma população urbana disposta a rever suas atitudes de consumo e seus hábitos alimentares.

Como o livro foi pensado para uso doméstico e não comercial, nas listas de compras não existe cálculo de fator de correção ou outras informações de fichas técnicas.

Do supermercado para a panela, atitudes sustentáveis e o não desperdício de comida

As questões ambientais vêm sendo muito discutidas e pensadas nos últimos anos no âmbito da alimentação. A geração de resíduos, o desperdício dos alimentos, a utilização de agrotóxicos nas lavouras são assuntos que devem ser lembrados quando pensamos na elaboração de um cardápio.

É muito importante um planejamento eficaz no momento das compras, com o objetivo de adquirir e consumir apenas o necessário. Atitudes simples, como não ir ao supermercado com fome, podem contribuir para o não desperdício. Quando estamos com fome compramos sempre mais alimentos do que realmente vamos consumir. Devemos também resistir ao impulso de adquirir as ofertas tentadoras dos supermercados. Comprar apenas o que será consumido evita o desperdício de toda uma cadeia produtiva dos alimentos: quando se joga fora um produto, com ele estão indo embora os custos com a mão de obra do agricultor, o uso da terra, o consumo de energia e da água, os custos com a manutenção dos equipamentos, o transporte, a indústria de processamento, a indústria de embalagens, entre outros.

Mas não é apenas o consumidor o responsável pelo desperdício de alimentos no mundo. Diferentes pesquisas mostram que esse desperdício acontece em todas as fases da preparação do alimento até ser disponibilizado para o consumidor: desde a fase inicial da produção e manipulação pós-colheita até armazenagem, processamento, distribuição e consumo final.

Iniciativas para um maior aproveitamento dos alimentos vem surgindo em diversos países e setores da sociedade. Na Europa e nos Estados Unidos, por exemplo, já existem supermercados sociais, onde são vendidos alimentos próximos do período de validade ou vegetais fora dos padrões normais de consumo. Esses itens são vendidos por preços que geralmente giram em torno de

30% do seu valor habitual. Embora esse tipo de iniciativa dependa de uma mobilização do governo e da mudança de leis, reverter o quadro de desperdício depois da ida dos ingredientes para a casa do consumidor só será possível se cada um de nós se sentir responsável por essa mudança e realmente se dispuser a alterar hábitos, dando-se ao trabalho de planejar o cardápio, as compras e o preparo dos alimentos em sua própria casa, de forma mais responsável e não somente mais prática.

Apesar de o Brasil ser um país de grandes extensões e ter climas muito diferentes, foram consideradas as divisões oficiais das estações do ano:

Vamos começar nossa semana de cada estação pelo sábado, pois uma boa compra na feira pode nos render um cardápio saboroso e diversificado, e se as compras forem feitas com um pouco de pechincha a economia é certa.

As receitas foram dimensionadas para não haver sobras; no entanto, sabemos que imprevistos acontecem. Por isso, se houver sobras, não as descarte, utilize-as nas refeições seguintes. Nos cardápios você verá formas diferentes de aproveitar as sobras de preparos anteriores, como o bolo do café da manhã que se transforma, com alguma complementação, na sobremesa. Claro que, para isso, é necessário que haja alguns cuidados especiais.

As dicas para compra e armazenamento serão apresentadas diretamente nos cardápios, mas o primeiro cuidado é não deixar essas preparações expostas e em temperatura ambiente. Assim, imediatamente após o consumo, embale as sobras e leve-as para a refrigeração.

As receitas deste livro foram dimensionadas para o consumo de quatro pessoas. Bolos e pães, por serem receitas que possibilitam maior número de porções, já foram pensadas para duas ocasiões de consumo.

São três refeições por dia: para o **café da manhã**, imaginamos um bolo ou pão doce, um pão salgado, um suco – lembrando que você deverá complementá-lo com produtos de sua preferência, mas que não demandam receitas, como queijo, iogurte ou mesmo o café com leite. Para o **almoço**, pensamos em um item principal e seus acompanhamentos, geralmente equilibrando proteína, carboidrato, legumes e verduras, fontes de vitaminas, além de um suco e uma sobremesa. Para o **jantar/lanche**, uma pizza, uma torta ou uma massa, e também um suco e uma sobremesa.

Disponibilizamos ao longo dos cardápios semanais as receitas que demandam maior trabalho; não descrevemos, por exemplo, como preparar um suco de laranja ou de tangerina, por considerar que essa informação já é sabida por quem se dispõe a preparar suas próprias refeições.

Embora os cardápios sejam equilibrados em nutrientes, eles não visam propiciar perda ou ganho de peso. Não sugerimos as quantidades a serem ingeridas por cada pessoa, pois cada um deve conhecer as quantidades ideais para seus objetivos e se informar sobre elas. Em caso de dúvidas em relação a dietas, um nutricionista deve ser consultado, pois ele é o profissional indicado para auxiliar no ganho ou perda de peso e em questões de saúde baseadas na alimentação.

Dicas gerais

1. Realize suas compras de frutas, verduras e legumes em mercados municipais ou feiras livres; os hortifrútis são mais variados, frescos e você consegue os melhores preços.

2. Aprenda a escolher seus ingredientes, nunca aperte ou quebre as pontas e os talos dos vegetais. O aroma, a aparência e o peso são indicadores de qualidade.

3. Crie o hábito de ter sempre ervas frescas à sua disposição. O ideal é cultivar um jardim de ervas aromáticas; mas se não houver essa possibilidade, armazene suas ervas sob refrigeração. As ervas agregam sabor às preparações e contribuem para a redução de uso do sal.

4. Sempre que possível, adquira alimentos orgânicos e de base agroecológica, de preferência diretamente dos produtores. Inclua as PANCs em sua alimentação.

5. Armazene separadamente as frutas, os legumes, as hortaliças e as ervas. Cada um tem seu tempo de amadurecimento.

6. Evite comprar mais do que consegue consumir; realize suas compras com uma lista dos produtos que estão faltando e respeite a listagem.

7. Não ceda às ofertas tentadoras de produtos perecíveis dos mercados, supermercados e hipermercados.

8. Conheça os hábitos alimentares das pessoas do seu convívio e cozinhe apenas o necessário; reduza o número de preparações que serão levadas à mesa.

primavera

A primavera é uma estação festiva, colorida e rica em ingredientes. Nela encontramos muitas frutas aromáticas e doces, muitas verduras tenras e legumes diferenciados. Com isso é possível variar o cardápio, aproveitando o preço e a qualidade dos produtos, e manter a alimentação equilibrada durante essa época do ano.

Lembre-se de que quanto mais colorida e variada for sua alimentação mais saudável ela será, pois a coloração de um alimento demonstra a predominância de determinados nutrientes em sua composição. Alimentar-se de itens variados disponibiliza ao organismo todos os nutrientes que ele precisa – pense nisso e faça um prato colorido e divertido.

Não se esqueça de beber bastante água – no mínimo dois litros ao dia –, lembrando que ela também compõe os sucos sugeridos para as refeições nos cardápios. O ideal é beber o suco uma hora após a refeição ou no intervalo entre a refeição que ele complementa e a próxima.

Nas receitas dos sucos mencionamos o açúcar como ingrediente não obrigatório. Na verdade, sugerimos que você não coloque açúcar em sucos de frutas, pois eles já têm dulçor. O sabor doce é viciante, e quanto mais açúcar você colocar em seus preparos ou em sucos, mais vai achar que ele é necessário! No entanto, o inverso também acontece: você pode diminuir gradualmente o açúcar dos doces, bolos, pudins e dos sucos e ir adaptando seu paladar sem ele.

Além das três refeições principais você pode incluir frutas, sucos e chás nos intervalos. Fazendo um lanchinho entre as refeições você terá menos fome no almoço ou no jantar e, assim, pode comer conforme suas necessidades calóricas. Dê preferência a frutas e vegetais que não foram utilizados nos cardápios da semana e lembre-se de incluí-los na lista de compras e variar ao máximo.

Mas atenção: comer bem não significa comer muito ou em grande quantidade; comer bem significa comer prestando atenção no alimento, usar ingredientes saudáveis e um cardápio equilibrado. Vamos tentar ajudar a encontrar esse equilíbrio e a preparar suas refeições.

Produtos da estação

Os produtos da estação são muitos, como se pode ver na listagem a seguir. Vamos destacar alguns que foram bem utilizados no cardápio da semana de primavera, como a laranja, a mandioca e o brócolis.

Entre as frutas, a laranja é uma das mais versáteis, populares e uma das mais consumidas. Agrada a todos os gostos e pode ser usada em muitos tipos de produções gastronômicas. Como cada variedade contém valores diferenciados nos componentes nutricionais de sua composição, vale a pena uma consulta na Tabela Brasileira de Composição de Alimentos (2017) para definir a melhor opção.

Conhecida como importante fonte de vitamina C, também traz em sua composição minerais como ferro, magnésio, fósforo, potássio e betacaroteno, que é o componente que lhe dá a coloração alaranjada. Seus nutrientes auxiliam contra o envelhecimento, pois são antioxidantes, e a vitamina C, além de reforçar o sistema imunológico, colabora na absorção do ferro quando consumida após alimentos que são fontes desse nutriente. Ela é ainda comumente consumida após a ingestão de uma refeição gordurosa, pois sua acidez auxilia na digestão. Por

conta dessa sensação de melhora na digestão, a laranja faz parte de um dos pratos típicos mais brasileiros: a feijoada! Além disso, a quantidade de fibras que a laranja apresenta faz dela um ótimo alimento para o funcionamento do sistema digestório.

A laranja é de origem chinesa e foi introduzida no Brasil pelos portugueses graças a Cristóvão Colombo. Atualmente o Brasil é o maior produtor mundial desse fruto, e a maior parte dele é exportada, gerando divisas para o país.

São inúmeras as variedades de laranja; porém, a mais consumida é a laranja-pera. Essa variedade tem a casca lisa e fina, sendo a mais indicada para o preparo de sucos, pois possui muito caldo, e também a mais indicada para a produção do bolo de laranja com casca, receita que consta no receituário a seguir.

As cascas da laranja há muito tempo são utilizadas tanto na indústria de alimentos quanto na indústria de cosméticos, na produção de aromas artificiais. Sabendo dessa propriedade das cascas não devemos dispensá-las. Além de bolos e pães, podemos também aromatizar o açúcar – para depois utilizá-lo em doces – ou ainda molhos, marinadas e crostas para diferentes tipos de carnes e peixes.

Entre os legumes, vamos dar destaque para a **mandioca**. Ela, na verdade, é uma raiz, conhecida por quem estuda a alimentação como a "rainha do Brasil". É popular em todos os cantos do país e seu nome varia de uma região para a outra: macaxeira, aipim, maniva, maniveira, uaipi. São distinguidas duas espécies: a mandioca-brava (rica em ácido cianídrico), mais utilizada na produção de farinhas e do tucupi, e a mandioca-mansa, que é consumida cozida ou frita.

A farinha é a principal forma de consumo da mandioca: a farinha de mandioca grossa ou fina, branca ou amarela, crua ou torrada. São produzidos também o polvilho doce ou azedo, a farinha de tapioca, a farinha de carimã, entre outras. Além das farinhas, a mandioca também aparece em alguns preparos que constituem a alimentação no Norte do Brasil, como o tucupi, um caldo da mandioca brava, e pode ter ainda suas folhas moídas para fazer a maniçoba.

Nutricionalmente a mandioca é rica em fibras, vitaminas, carboidratos, potássio e cálcio, e não contém glúten. Por não conter glúten e por ser rica em amido, a mandioca é utilizada como um dos principais ingredientes para substituir o trigo em produções feitas para celíacos. Com ela se fazem ótimos bolos, pudins e o consumidíssimo pão de queijo. Também pode ser utilizada para substituir o arroz ou as batatas em purês, nhoques e escondidinhos. Por ser tão versátil e de preparo simples, ela também é conhecida como pão-dos-pobres.

A mandioca, de origem brasileira, é atualmente alimento básico para milhões de pessoas e é considerada uma das maiores fontes de carboidrato, só perdendo para o arroz e para o milho. É cultivada em diversos locais do mundo, sendo atualmente a Nigéria o principal produtor e exportador mundial.

Para nós, brasileiros, consumir a mandioca em suas diversas formas, mais que uma questão nutricional, é uma questão de preservação da nossa cultura, e esse é mais um motivo para ela estar presente nos nossos cardápios.

Entre as hortaliças, destacamos os brócolis, que pertencem à mesma família da couve, do repolho, da couve-flor e do rabanete – que também estão em destaque na primavera. Os brócolis são ricos em minerais, como cálcio, potássio, ferro e zinco, e possuem em sua composição várias vitaminas, como A, C, B1, B2, B6 e K, além de muita fibra alimentar. É considerado um alimento muito rico em nutrientes e com baixo valor calórico, possuindo grande versatilidade para o preparo de grelhados, saladas, cremes, suflês, complementos de massas e de arroz e como recheio para tortas ou pães, como na pizza enrolada, que também faz parte do cardápio da semana de primavera.

Os brócolis têm origem europeia, mas seu maior produtor atualmente é a China. São comuns no mercado brasileiro dois tipos de brócolis: o ramoso, que possui grande quantidade de folhas e talos, e o brócolis ninja, que tem uma cabeça como a da couve-flor – esse é atualmente o mais utilizado pelas indústrias de alimentos que comercializam brócolis pré-cozidos e congelados. O importante é que no uso do tipo ramoso sejam aproveitados também talos e folhas, que constituem 70% do peso da hortaliça.

Vamos conhecer a seguir os demais itens disponíveis no período da primavera, segundo a tabela de produtos do Entreposto Terminal de São Paulo da Ceagesp. E mãos à obra para a execução do cardápio. Bom trabalho e bom apetite!

FRUTAS

Abacate, abacaxi-havaí, abacaxi-pérola, abiu, acerola, ameixa, amêndoa, amora, avelã, banana-maçã, banana-prata, caju, castanha estrangeira, castanha nacional, cereja estrangeira, coco-verde, damasco estrangeiro, figo, framboesa, graviola, grapefruit, jabuticaba, jaca, kiwi estrangeiro, laranja-lima, laranja-pera, lichia, lima-da-pérsia, limão-taiti, maçã Fuji, maçã Granny Smith, maçã Red Del, mamão-formosa, mamão-havaí, manga Haden, manga Palmer, manga Tommy, mangostão, maracujá azedo, maracujá doce, melancia, melão amarelo, mexerica, nectarina estrangeira, nectarina nacional, nêspera, nozes, pêssego, physalis, romã, sapoti, tâmara, tamarindo, tangerina-morgote, uva Itália, uva Niágara, uva-rubi e uva Thompson.

LEGUMES

Alho, abóbora japonesa, abóbora paulista, abobrinha italiana, alcachofra, batata, berinjela comum, berinjela conserva, berinjela japonesa, beterraba, cará, cebola, cenoura, chuchu, cogumelo, ervilha, ervilha-torta, fava, feijão corado, jiló, mandioca, maxixe, pepino-caipira, pepino-japonês, pimentão amarelo, pimentão verde, pimentão vermelho, taquenoco, tomate, tomate-caqui, tomate-salada e vagem.

HORTALIÇAS

Agrião, alho-poró, almeirão, aspargos, beterraba, brócolis, catalonha, cebolinha, cenoura, coentro, couve, couve-de-bruxelas, couve-flor, endívias, erva-doce, espinafre, folha de uva, gobo, hortelã, louro, manjericão, moiashi, mostarda, nabo, palmito, rabanete, rúcula, salsa e salsão.

PESCADOS

Agulhão, atum, bagre, berbigão, betarra, bonito, camarão de cativeiro, camarão-sete-barbas, cambeva, carapau, cascote, dourado, gordinho, guaivira, jundiá, lambari, linguado, mandi, manjuba, meca, merluza, mexilhão, namorado, olhete, palombeta, pampo, pescada, piau, pintado, polvo, salmão, sardinha fresca, serra, siri e traíra.

CARDÁPIO
Café da manhã
Pão de beterraba com pasta de ricota e salsinha
Suco de cenoura e laranja
Almoço
Escabeche de sardinha
Salada de agrião, alface e manga Tommy
Arroz integral
Frango assado com molho de laranja
Sobremesa: torta de maçã (tarte tatin)
Jantar/Lanche
Pizza enrolada de brócolis
Suco de tangerina morgote
Sobremesa: melão (reserve as cascas para o preparo da geleia do cardápio de segunda-feira)
sábado

Pão de beterraba

1 beterraba média

90 mℓ de água

2 ovos

15 g de fermento fresco (biológico)

1 pitada de sal

30 g de açúcar

50 mℓ de óleo de girassol ou azeite de oliva

500 g de farinha de trigo, aproximadamente

1 ovo batido para pincelar

1. Lave bem a beterraba, corte-a em pedaços (não é necessário remover a casca) e coloque no liquidificador com a água, os ovos, o sal e o açúcar. Bata bem!
2. Coloque em uma tigela, acrescente o fermento e o óleo e misture bem até dissolver o fermento, depois acrescente a farinha aos poucos.
3. Amasse até formar uma massa que desgrude das mãos, sove com carinho e um pouco de força para dar um aspecto liso à massa.
4. Deixe crescer, até dobrar de volume, por cerca de 30 minutos.
5. Modele o pão (ou os pães). Você pode fazer pães individuais ou um pão grande conforme o tamanho e formato da sua assadeira.
6. Unte a assadeira com óleo antes de colocar o pão. Deixe crescer por mais 30 minutos, depois pincele com o ovo batido e leve para assar em forno à temperatura de 170 °C, por 30 a 35 minutos.

DICAS

A beterraba pode ser substituída por cenoura crua, espinafre escalfado ou ainda por outros ingredientes, dependendo da sua região.

Depois de assar o pão, deixe-o esfriar e guarde em um saco plástico. Se não for ser consumido todo em 24 horas, você pode guardá-lo na geladeira e aquecer as fatias na sanduicheira na hora de comer.

Pasta de ricota e salsinha

140 g de ricota esfarelada

50 g de cenoura ralada

1/8 de maço de salsinha fresca

50 g de requeijão ou creme de leite, para dar cremosidade

1 fio de azeite de oliva

Sal a gosto

1. Amasse a ricota com um garfo, se gostar dela com pedaços, e misture aos demais ingredientes. Caso prefira a ricota bem lisinha, use o mixer.

DICA

Caso tenho comprado uma quantidade a mais de ricota, utilize-a substituindo a salsa por um dente de alho, por exemplo, para variar o sabor da pasta, ou também para incrementar uma torta.

Suco de cenoura e laranja

5 laranjas médias

1 cenoura média

1. Esprema as laranjas em um espremedor e coloque o suco em um liquidificador.
2. Lave bem a cenoura, corte-a em rodelas e acrescente ao suco de laranja, bata para incorporar bem os ingredientes e sirva.
3. Pode-se acrescentar um pouco de água se julgar necessário.

DICAS

Antes do preparo, coloque as laranjas e a cenoura na geladeira para que fiquem bem geladas.

Se preferir o suco sem o bagaço das laranjas e da cenoura é só passar por uma peneira, mas lembre-se de que as fibras são importantes, pois dão a sensação de saciedade.

Escabeche de sardinha

½ kg de sardinhas limpas e abertas, com as espinhas

100 mℓ de vinagre de vinho branco

100 mℓ de azeite de oliva

1 cebola em rodelas

1 tomate em rodelas

Sal a gosto

1 pitada de pimenta-do-reino

Cebolinha e salsa picadinha

2 dentes de alho (grande) em rodelas

1 folha de louro

1. Tempere as sardinhas com sal e alho amassado. Deixe marinar por 15 minutos, enquanto prepara os outros ingredientes.
2. Arrume na panela de pressão, como se estivesse fazendo uma lasanha: uma camada de cebola, uma de sardinha, uma pitadinha de sal, uma camada de tomates. Nova camada de cebola, outra de sardinha, outra pitada de sal e outra camada de tomates. E assim, até terminarem as sardinhas. Por último coloque o vinagre, o alho em rodelas e o azeite.
3. Cozinhe na panela de pressão por 20 minutos, em fogo baixo.
4. Não abra a panela antes de estar fria, pois pode desmanchar as sardinhas.
5. Quando abrir a panela, coloque a salsa e a cebolinha bem picadinhas e a folha de louro.

DICAS

Sirva esse escabeche como aperitivo, com torradas ou com os pãezinhos de beterraba que sobraram do café da manhã.

Use sempre as ervas aromáticas frescas no final da cocção, quando desligar a panela, para que elas liberem o aroma e não percam a cor.

Salada de agrião, alface e manga Tommy

1 maço pequeno de agrião

½ pé de alface roxa ou as folhas do maço de beterraba que comprou para fazer o pão

1 manga Tommy

Suco de 1 limão

90 mℓ de azeite de oliva de boa qualidade

Sal a gosto

1. Lave as folhas uma a uma, deixe de molho por 10 minutos em água com vinagre branco.
2. Escorra a água e junte a manga cortada em pequenos gomos.
3. Faça um vinagrete à parte, misturando e batendo com fouet ou garfo o suco do limão, o azeite e o sal.

DICAS

Para fazer um vinagrete você sempre deve utilizar 1 parte do ingrediente ácido para 3 partes de azeite. Quando misturar, vigorosamente, você terá uma emulsão instável que cobrirá as folhas, deixando-as muito apetitosas.

Sirva o vinagrete à parte, pois se sobrar salada ela poderá ser guardada para a próxima refeição. Além disso, cada pessoa pode colocar a quantidade de vinagrete que preferir.

Arroz integral

1 kg de arroz integral

1 cebola grande

3 dentes de alho

Talos de cebolinha e salsa (que foram usadas para fazer o escabeche)

15 g de sal

3 ℓ de água

1. Em uma panela, coloque a água, com os talos de salsinha e cebolinha, para aquecer; você também pode acrescentar as cascas da cebola, bem lavadas.
2. Pique o alho e a cebola e refogue na panela de pressão até murchar, mas não deixe ganhar coloração. Acrescente o arroz integral, lavado pelo menos quatro vezes e bem escorrido.
3. Mexa e deixe refogar por alguns minutos. Acrescente a água fervente, mas antes coe os talos com uma peneira.
4. Tampe a panela de pressão e deixe cozinhar. Assim que a panela começar a fazer o chiado da pressão, deixe cozinhar por mais 20 minutos.
5. Desligue a panela e deixe sair a pressão. Quando abrir a panela solte o arroz com o auxílio de um garfo.

DICA

O arroz integral é mais duro para cozinhar, por isso o ideal é fazer como indica o modo de preparo, na panela de pressão, e em quantidade grande, como indicado na receita. Depois de cozido e morno, você deve separar porções ideais para seu consumo e de sua família, em potes, e congelar. No momento de consumir é só colocar em um recipiente de vidro e descongelar no micro-ondas.

Frango assado com molho de laranja

1 kg de frango em pedaços (peito, coxa e sobrecoxa)

1 cebola ralada

2 dentes de alho amassados

Sal e pimenta-do-reino a gosto

Suco de 3 laranjas

1. Numa tigela, coloque o frango, a cebola ralada, o alho bem amassado, sal e pimenta-do-reino a gosto e misture bem.
2. Transfira os pedaços de frango para uma assadeira untada com azeite, regue com o suco das laranjas e cubra com papel-alumínio.
3. Leve ao forno, preaquecido à temperatura de 180 °C, por 40 minutos. Retire o papel-alumínio e deixe por mais 20 minutos, ou até dourar.
4. Retire do forno e sirva, em seguida, com arroz integral e salada.

DICAS

Você pode temperar os pedaços de frango com 1 ou 2 horas de antecedência. Eles ficarão mais saborosos.

O lado brilhante do papel-alumínio deve ficar virado para baixo, em contato com o alimento.

Você pode fazer esse frango sem usar o papel-alumínio. Para isso, distribua os pedaços de frango na assadeira e aqueça o forno à temperatura de 170 °C. Coloque a assadeira e deixe os pedaços de frango começarem a dourar levemente, depois acrescente o suco de laranja e abaixe a temperatura do forno para 130 °C. Deixe que asse por uns 30 minutos. No final, o frango estará douradinho por fora, cozido e úmido por dentro.

Se você preferir comprar o frango inteiro, pode usar a carcaça, os pés e o pescoço para fazer um delicioso caldo de frango. Ele pode ser usado no preparo de sopas, molhos e risotos.

Torta de maçã (tarte tatin)

Massa

200 g de farinha

125 g de açúcar

1 pitada de sal

80 g de manteiga sem sal

1 gema de ovo

30 mℓ de água

Recheio

60 g de manteiga sem sal gelada em cubos

42 g de açúcar

1 kg de maçãs, sem casca, sem sementes e cortadas em 4 partes

Massa

1. Peneire a farinha com o açúcar e o sal sobre uma bancada. Faça um buraco no meio, coloque a manteiga gelada em cubos pequenos e amasse com a ponta dos dedos até formar uma espécie de farofa.
2. Adicione a gema, a água e misture até formar uma massa (coloque mais água se precisar). Assim que você conseguir formar uma bola, pare de amassar, enrole em filme plástico e deixe na geladeira por 1 a 2 horas.

Recheio

1. Derreta a manteiga com 28 g de açúcar em uma forma redonda em fogo médio. Assim que derreter retire do fogo e reserve, enquanto descasca as maçãs e as corta em quatro.
2. Arrume as maçãs na forma, deixando o lado arredondado para baixo e o mais próximas possível. Polvilhe com o restante do açúcar (14 g) e deixe caramelizar em fogo médio até atingir a coloração dourada escura. Cuidado para não deixar amargar.
3. Retire a forma do fogo e reserve.

Montagem

1. Preaqueça o forno à temperatura de 200 °C.
2. Abra a massa com um rolo até formar um círculo com o diâmetro um pouco maior que o da forma.
3. Coloque a massa sobre as maçãs, dobrando as bordas para dentro da forma. Leve ao forno e asse por 30 minutos.
4. Retire do forno, deixe esfriar por 10 minutos e então inverta a torta sobre um prato. Sirva ainda morna.

DICAS

Evite sovar essa massa para que ela não desenvolva glúten; com esse cuidado, ela ficará crocante depois de assada.

Você pode fazer essa massa em um processador de alimentos, respeitando a mesma ordem de colocação dos ingredientes: primeiro os secos com a manteiga, até formar uma farofa, e depois a gema e a água, até formar uma bola. Pulse rapidamente até obter uma massa homogênea e siga o processo.

Caso as maçãs tenham murchado com a cocção no caramelo, arrume, puxando-as para o centro, evitando buracos depois que a torta estiver assada.

Para abrir essa massa com mais facilidade – e outras que tiverem grande quantidade de gordura –, você pode colocá-la entre dois saquinhos plásticos, desses picotados que servem para guardar alimentos, pois assim não é necessário acrescentar mais farinha, e o plástico ajuda a transportar a massa até a forma, evitando que ela grude na mesa ou no rolo de massas.

Essa torta é mais gostosa se servida morna e, para incrementar, pode ser servida com uma bola de sorvete de creme.

[Torta de maçã (tarte tatin)]

Pizza enrolada de brócolis

Massa

30 g de fermento biológico fresco

300 mℓ de leite morno

40 g de açúcar

20 g de sal

100 mℓ de azeite de oliva

1 ovo batido para pincelar

Farinha de trigo até dar ponto (aproximadamente 700 g)

Recheio

1 maço de brócolis ninja

450 g de tomates, cortados em rodelas bem fininhas e temperados com sal

300 g de muçarela em fatias

1 dente de alho

15 mℓ de azeite de oliva

Sal a gosto

Massa

1. Junte todos os ingredientes, exceto o ovo e a farinha de trigo, e dissolva o fermento biológico.
2. Depois que se formar uma espuma sobre o líquido, mexa com uma das mãos e acrescente a farinha de trigo com a outra. Vá agregando farinha até obter uma massa macia e lisa.
3. Sove bem com as duas mãos e deixe descansar para crescer.

Recheio

1. Corte os brócolis em pequenos floretes e cozinhe em água fervente por alguns segundos. Pare a cocção e retire-os da panela, passando pela água fria.
2. Escorra bem e repique os brócolis.
3. Amasse o alho e salteie os brócolis em alho e azeite. Reserve.
4. Lave os tomates, corte em fatias finas e tempere com sal. Reserve.

DICAS

Você pode salpicar queijo parmesão sobre a pizza enrolada para que doure enquanto ela assa e fique ainda mais apetitosa.

Essa produção pode ser feita com outros recheios, como muçarela e presunto cozido ou linguiça calabresa seca.

Montagem

1. Divida a massa em três, abra no formato de retângulos com espessura aproximada de 1 cm.
2. Divida o recheio em três partes iguais: brócolis salteados, tomates em rodelas finas e queijo muçarela.
3. Sobre cada retângulo de massa distribua o tomate em rodelas, bem espalhado, cobrindo a maior área possível, depois coloque a muçarela e, por último, os brócolis salteados.
4. Enrole a massa como um rocambole, fechando as pontas e a parte final para que o recheio não saia da massa quando ela assar.
5. Pincele com o ovo batido e leve para assar em forno à temperatura de 150 °C, por aproximadamente 40 minutos.

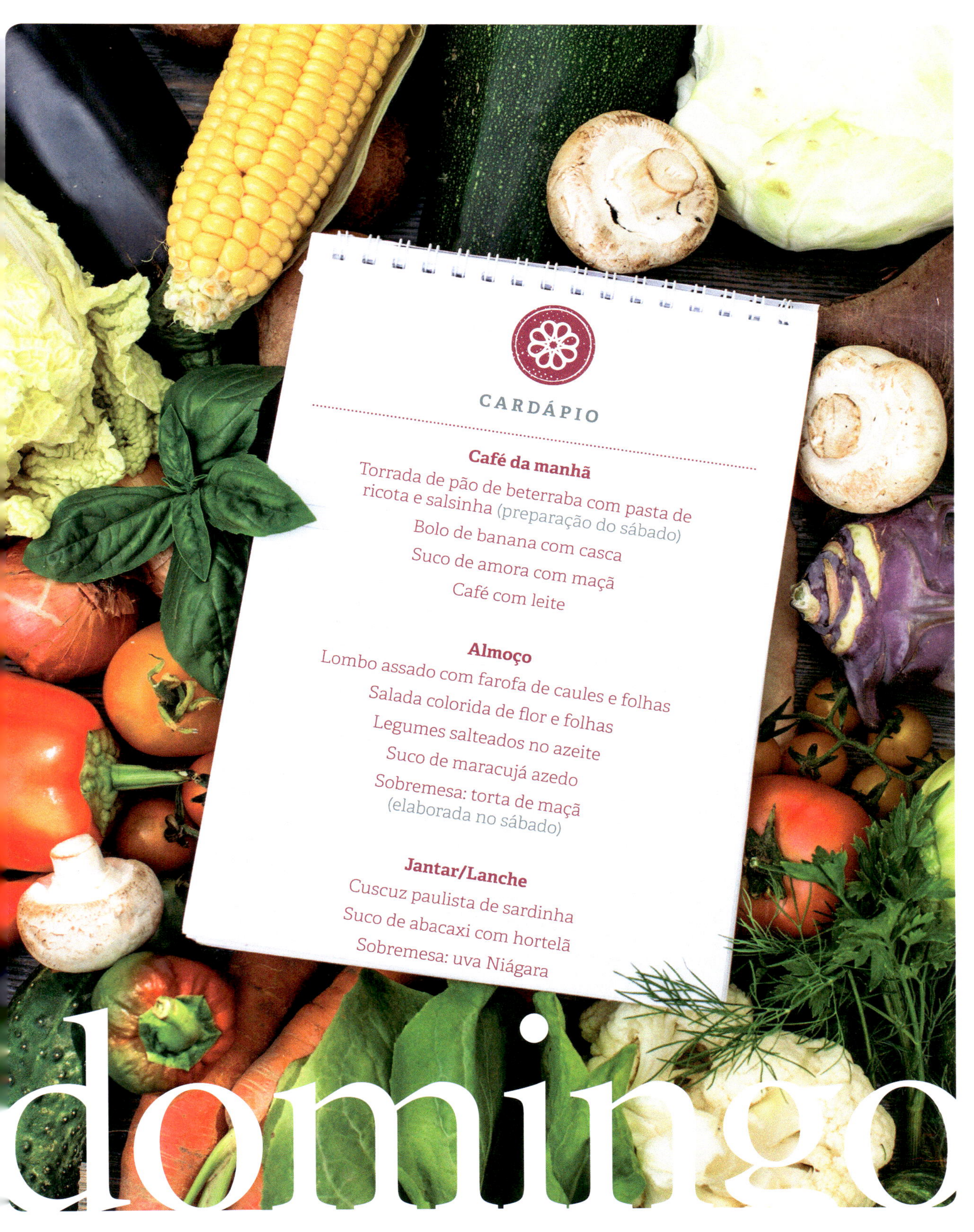
CARDÁPIO
Café da manhã
Torrada de pão de beterraba com pasta de ricota e salsinha (preparação do sábado)
Bolo de banana com casca
Suco de amora com maçã
Café com leite
Almoço
Lombo assado com farofa de caules e folhas
Salada colorida de flor e folhas
Legumes salteados no azeite
Suco de maracujá azedo
Sobremesa: torta de maçã (elaborada no sábado)
Jantar/Lanche
Cuscuz paulista de sardinha
Suco de abacaxi com hortelã
Sobremesa: uva Niágara
domingo

Bolo de banana com casca

3 bananas nanica com casca, lavadas

4 ovos

270 g de açúcar

120 mℓ de óleo

120 mℓ de leite

360 g de farinha de trigo

10 g de fermento em pó

Canela em pó a gosto

Cobertura

25 g de açúcar

5 g de canela em pó

1. Bata no liquidificador os ovos, o açúcar, o óleo, o leite, as bananas com casca e a canela.
2. Em um recipiente, misture a farinha de trigo e o fermento em pó. Despeje o conteúdo do liquidificador e mexa até obter uma massa homogênea.
3. Preaqueça o forno a 230 °C. Unte uma forma e leve a massa ao forno quente por aproximadamente 25 minutos.
4. Quando estiver assado, polvilhe o bolo com o açúcar e a canela misturados.

Suco de amora com maçã

2 maçãs

120 g de amoras

1 ℓ de água

Gelo e açúcar a gosto

1. Lave bem as frutas.
2. Bata as maçãs, as amoras e a água no liquidificador por 1 minuto. Passe o suco pela peneira, adoce e sirva com cubos de gelo.

Lombo assado com farofa de caules e folhas

Marinada

1 lombo suíno pequeno

Pimenta-do-reino a gosto

45 mℓ de óleo

1 cenoura média picada

1 cebola média picada grosseiramente

3 dentes de alho

Salsa e cebolinha

Alecrim a gosto

Suco de 4 laranjas

240 mℓ de vinho branco

Farofa

150 g de linguiça calabresa

150 g de talos de beterraba

1 cebola média picada

150 g de tomate com pele e sem sementes picado

150 g de farinha de mandioca

Sal a gosto

Lombo assado

Farofa

Sal e pimenta-do-reino a gosto

2 cebolas médias cortadas em rodelas grossas

Papel-alumínio

Barbante

Marinada

1. Limpe o lombo, retire o excesso de gordura e abra a carne em manta (3 cm de espessura).
2. Tempere com pimenta-do-reino e azeite.
3. Adicione a cenoura, a cebola, o alho e as ervas.
4. Despeje o suco de laranja e o vinho.
5. Deixe marinar na geladeira de um dia para o outro. Se o lombo não ficar completamente imerso na marinada, lembre-se de virar a carne após 12 h.

Farofa

1. Retire a pele da linguiça, pique e refogue em fogo baixo, e deixe liberar a gordura.
2. Adicione a cebola e os talos de beterraba.
3. Acrescente o tomate e, assim que o refogado soltar água, despeje a farinha de mandioca.
4. Ajuste o sal.

Lombo assado

1. Retire o lombo da marinada e tempere a carne com sal e pimenta-do-reino (dos dois lados).
2. Cubra a manta com a farofa e pressione bem.
3. Enrole o lombo como um rocambole e amarre com o barbante.
4. Forre uma assadeira com as rodelas de cebola, coloque o lombo e a marinada (caldo e sólidos).
5. Cubra com papel-alumínio e asse em forno à temperatura de 180 °C por 1h15.
6. Retire o papel-alumínio e deixe assar por mais 30 minutos em forno à temperatura de 150 °C.
7. Coe o molho e sirva com a carne.

[Lombo assado com farofa de caules e folhas]

Salada colorida de flor e folhas

½ maço de couve cortado em tiras finas

½ maço de alface roxa rasgado

1 tomate com pele e sementes cortado em cubos

10 unidades de flores capuchinha

1 beterraba grande ralada (no lado grosso do ralador)

1 cebola média cortada em meia lua e escaldada com água quente

Suco de 1 limão

Azeite de oliva a gosto

Sal a gosto

Pimenta-do-reino a gosto

1. Lave as folhas de couve e corte em tiras finas.
2. Lave as folhas de alface roxa e rasgue em vários pedaços, grosseiramente.
3. Tempere as folhas com azeite, sal e suco de limão.
4. Misture os demais ingredientes e leve para gelar até a hora de servir.

Legumes salteados no azeite

100 g de vagens de ervilha-torta
1 berinjela
1 abobrinha
1 tomate
Salsinha a gosto
Sal a gosto
Pimenta-do-reino a gosto
Azeite de oliva a gosto

1. Higienize os legumes.
2. Corte a berinjela, a abobrinha e o tomate em rodelas de aproximadamente 1 cm de espessura.
3. Tempere com sal e pimenta-do-reino e reserve.
4. Em uma frigideira larga, aqueça um pouco de azeite, sem deixar queimar. Coloque primeiro as fatias de berinjela e doure dos dois lados. Retire e reserve.
5. Em seguida, coloque as ervilhas-tortas e proceda da mesma maneira.
6. Depois as rodelas de abobrinha e por último as rodelas de tomate.
7. Junte todos os legumes ainda quentes e tempere com salsinha, bem picada, a gosto.

Cuscuz paulista de sardinha

30 mℓ de óleo

1 dente de alho picado

1 cebola média cortada em cubos pequenos

2 latas de sardinha em molho (sem as espinhas)

1 lata de milho verde em conserva, sem o líquido

½ pimentão vermelho picado em cubos pequenos

100 g de vagem verde branqueada e picada em rodelas

10 g de salsa picada

2 tomates bem maduros picados em cubos

240 mℓ de água

100 g de farinha de milho, aproximadamente

Sal a gosto

Pimenta-do-reino a gosto

Decoração

15 mℓ de óleo

1 tomate pequeno cortado em rodelas

1 ovo cozido cortado em rodelas

1. Refogue o alho e a cebola no óleo até que a cebola fique transparente; acrescente o pimentão e coloque as sardinhas limpas com o molho em que estavam.
2. Acrescente a água, os tomates e tempere com sal e pimenta-do-reino, formando um molho.
3. Acrescente a farinha de milho aos poucos, até que a massa fique firme, homogênea e ainda úmida. Retire do fogo e reserve.
4. Cozinhe o ovo destinado à decoração e corte em rodelas; corte o tomate também em rodelas.
5. Unte com o óleo uma forma de buraco no centro e coloque no fundo da assadeira rodelas de ovo intercaladas com rodelas de tomate.
6. Coloque toda a massa do cuscuz de uma vez e aperte com as mãos para que fique bem compacto.
7. Para servir, aqueça a forma em banho-maria e retire o cuscuz.

DICA

A base do cuscuz é um refogado de vegetais transformado em molho e depois solidificado com farinha. Nessa base de legumes refogados você pode utilizar outros vegetais ou talos que sejam do seu agrado. Experimente!

Suco de abacaxi com hortelã

250 mℓ de água gelada

250 mℓ de água de coco

Cascas de 1 abacaxi inteiro bem lavadas

20 g de folhas de hortelã

Suco de 1 limão

14 g de açúcar demerara, mel ou adoçante em pó (opcional)

1. Bata as cascas do abacaxi com a água e a água de coco e coe.
2. Bata novamente o suco coado com as folhas de hortelã, o suco de limão e o açúcar demerara ou mel. Se preferir use adoçante.
3. Sirva gelado.

DICAS

Você pode tomar o suco sem adoçar porque o abacaxi e a água de coco já adoçam naturalmente.

Armazene a polpa do abacaxi para fazer o suco do café da manhã de segunda-feira.

CARDÁPIO
Café da manhã
Pão de queijo
Geleia de casca de melão
Suco de abacaxi e couve
Café com leite
Almoço
Carne de panela com legumes
Arroz integral (ver p. 39) com feijão saudável
Suco de melão, flor de hibisco e amora
Sobremesa: pêssegos confitados
Jantar/Lanche
Macarrão parafuso com pesto de salsinha
Suco de limão-taiti
(limonada suíça sem leite condensado)
Sobremesa: rodelas de abacaxi
com raspinhas da casca de limão
segunda

Pão de queijo

½ kg de polvilho doce

½ kg de polvilho azedo

270 mℓ de água fria

270 mℓ de leite

135 mℓ de óleo

500 g de queijo meia cura ralado grosso

2 a 3 ovos

12 g de sal

1. Misture os polvilhos e molhe-os com a água.
2. Leve o leite e o óleo ao fogo até levantar fervura. Quando ferver, escalde a mistura umedecida de polvilhos e mexa com uma colher.
3. Junte o queijo e o sal e misture bem; quando a massa já estiver fria, coloque os ovos um a um até dar à massa o ponto de poder ser modelada. Ela deve ficar homogênea e macia.
4. Faça bolinhas todas do mesmo tamanho.
5. Coloque em uma forma as que você comerá no café da manhã e leve para assar. As demais bolinhas, você deve congelar e assar quando for consumir.
6. Asse em forno à temperatura de 180 °C, até que os pães de queijo fiquem dourados.
7. Sirva quente.

DICAS

O queijo mais indicado para essa receita é o meia cura, mas você pode utilizar sobras de queijos variados, sempre prestando atenção para variar a quantidade de sal e sabendo que o sabor desses queijos influenciará no sabor final do pão.

O pão de queijo pode ser comido puro, com requeijão ou outros queijos, com carnes e com geleia de frutas.

Geleia de casca de melão

Casca de um melão médio
1 unidade de canela em pau
2 cravos-da-índia inteiros
Açúcar a gosto
Água para cozinhar

1. Lave e rale (tipo batata palha) os pedaços da casca do melão (casca externa e parte branca).
2. Acrescente água suficiente para cozinhar as cascas do melão; cozinhe até que se desfaça a parte branca.
3. Coe em uma peneira fina, espremendo bem para tirar todo o suco.
4. Para cada copo de suco obtido, junte a mesma medida de açúcar; acrescente a canela e os cravos e leve novamente ao fogo para ferver até tomar o ponto de geleia.

Suco de abacaxi e couve

4 folhas de couve lavadas e picadas

8 fatias médias de abacaxi

20 folhas de hortelã

400 mℓ de água gelada

Adoçante ou açúcar a gosto

1. Limpe e corte a couve e o abacaxi e leve com os demais ingredientes ao liquidificador. Bata bem!
2. Coe e sirva gelado.

DICA

Adoce somente se não conseguir tomar o suco com o dulçor natural. Procure se acostumar a tomar sucos, cafés e chás sem adição de açúcar ou adoçante, seu paladar vai se acostumar com isso e você descobrirá sabores que o açúcar encobre.

Carne de panela com legumes

30 mℓ de óleo

2 dentes de alho grandes bem amassados

1 cebola média em cubos

½ kg de acém em pedaços médios (ou qualquer outra carne que desfie)

500 mℓ de água fervente

2 batatas médias cortadas ao meio

1 cenoura grande cortada em tiras ou rodelas

1 chuchu

1 tomate maduro picadinho

½ pimentão vermelho picado

Salsinha e cebolinha a gosto

Sal e pimenta-do-reino a gosto

1. Limpe e corte a carne. Não é preciso descascar os legumes, apenas lave-os bem e corte em cubos de tamanho médio.
2. Aqueça uma panela de pressão e refogue o alho. Em seguida, coloque a cebola; quando estiver dourada, acrescente a carne e doure; depois acrescente os tomates em cubos.
3. Junte metade da água e feche a panela. Deixe a carne cozinhar por uns 20 minutos.
4. Quando passar esse tempo de cocção coloque os legumes e tempere com sal e pimenta.
5. Acrescente o restante da água e cozinhe por mais 25 minutos.
6. Após esse tempo, abra a panela, acerte o sal e acrescente a salsinha e a cebolinha, bem picadinhas, a gosto.

DICA

Se sobrar carne com legumes você pode usar como recheio de uma torta ou como base para uma deliciosa farofa. Para a farofa, basta desfiar a carne e picar a batata em pequenos cubos e depois acrescentar farinha de milho ou de mandioca até o ponto de ter a farinha solta, com sabor da carne e umidade. Finalize com ervas frescas.

Feijão saudável

300 g de feijão carioquinha

300 g de grãos de soja

1 folha de louro

75 mℓ de óleo de soja

2 dentes de alho amassados

½ cebola picada em cubos

Sal e pimenta a gosto

1. Lave a soja, escorra e deixe de molho em nova água por 4 horas; lave e escorra o feijão.
2. Em uma panela de pressão, coloque o feijão, a soja, a folha de louro e cubra com aproximadamente 2 ℓ de água.
3. Depois que a panela de pressão começar a chiar, deixe cozinhar por 40 minutos.
4. Retire a pressão da panela, abra e verifique se os grãos estão cozidos.
5. Em outra panela, refogue o alho bem amassado no óleo; quando começar a dourar, junte a cebola e mexa até ficar transparente.
6. Junte os grãos de feijão e de soja cozidos.
7. Tempere com sal e pimenta a gosto.

DICAS

Divida o feijão em porções e congele. Guardar o feijão congelado mantém sua coloração e aparência de fresco.

Comer soja assim, misturada no feijão, torna seu consumo mais fácil. A soja proporciona vários benefícios à saúde, sendo indicada principalmente para mulheres no período pré-menopausa. O consumo regular de soja diminui muito os sintomas da menopausa no organismo feminino.

Suco de melão, flor de hibisco e amora

1 melão
½ caixa de amoras
10 g de hibisco seco
500 mℓ de água

1. Prepare o chá de hibisco e leve para gelar
2. Bata o chá com os demais ingredientes no liquidificador e sirva gelado.

Pêssegos confitados

6 pêssegos cortados ao meio, com casca e sem caroço

300 g de açúcar

150 mℓ de água

Cravo-da-índia a gosto

Canela em pau a gosto

200 mℓ de creme de leite fresco

1. Lave os pêssegos e corte ao meio.
2. Descarte os caroços.
3. Em uma panela, coloque a água, os pêssegos, 250 g de açúcar, cravo e canela a gosto e leve para cozinhar em fogo baixo, até que se forme uma calda e os pêssegos estejam macios.
4. Bata o creme de leite com 50 g de açúcar até o ponto de chantilly. Reserve.
5. Sirva os pêssegos gelados com o creme de leite batido.

DICA

Para enriquecer, você pode acrescentar sorvete de creme como acompanhamento.

Macarrão parafuso com pesto de salsinha

250 g de macarrão parafuso (você pode usar a massa branca ou integral)

1 maço de salsinha

50 g de nozes

1 dente de alho

70 mℓ de azeite de oliva

50 g de queijo parmesão de boa qualidade

2 cubos de gelo

Sal a gosto

1. Lave e retire o excesso de água da salsinha.
2. Coloque no liquidificador toda a salsinha, com talo e tudo.
3. Junte as nozes, o alho, o queijo parmesão e os cubos de gelo.
4. Ligue o liquidificador e acrescente o azeite aos poucos, até obter um molho emulsionado.
5. Tempere com sal. Reserve.
6. Cozinhe o macarrão em água abundante, conforme orientações da embalagem.
7. Sirva a massa cozida com o pesto.

DICA

Nessa receita você pode substituir as nozes por castanha do Brasil ou de caju. Também pode substituir o queijo parmesão por um outro queijo de sabor forte como o queijo meia cura.

Suco de limão-taiti (limonada suíça sem leite condensado)

3 limões-taiti
Açúcar a gosto
Cubos de gelo
700 mℓ de água

1. Lave os limões e corte em quatro pedaços.
2. Retire a parte branca central.
3. Junte todos os ingredientes e bata no liquidificador.
4. Coe e sirva imediatamente.

DICA

Para ter uma limonada levemente doce você pode usar 150 g de açúcar refinado ou adequar a quantidade ao gosto de sua família.

Antes de preparar a limonada, retire raspas das cascas de um limão para utilizar sobre a sobremesa de abacaxi da página seguinte.

Rodelas de abacaxi com raspinhas da casca de limão

½ abacaxi

Raspas da casca de um limão

1. Lave o abacaxi e descasque.
2. Reserve as cascas para outra preparação.
3. Corte o abacaxi em rodelas em um prato para servir.
4. Com a ajuda de um zéster ou de um ralador de cozinha, obtenha raspas da casca de um limão.
5. Distribua as raspas sobre o abacaxi e sirva gelado.

DICA

As cascas do abacaxi devem ser embaladas e congeladas para serem utilizadas no preparo do suco do jantar da quinta-feira.

CARDÁPIO
Café da manhã
Pão de ervas com queijo branco
Suco de cenoura, laranja e couve
Café com leite
Almoço
Costela suína
Salada de almeirão com alho
Mandioca cozida, temperada com vinagrete de limão e cebolinha
Suco de maracujá
Sobremesa: doce de abóbora em calda
Jantar/Lanche
Suflê de abobrinha italiana
Suco de tangerina
Sobremesa: maçã assada com canela, mel, nozes e sorvete
terça

Pão de ervas com queijo branco

200 mℓ de leite

100 mℓ de óleo

2 ovos

1 cebola pequena

Cebolinha e salsinha a gosto

1 galhinho de manjericão

15 g de açúcar

7 g de sal

30 g de fermento biológico fresco

600 g de farinha de trigo, aproximadamente

1. Bata no liquidificador todos os ingredientes, exceto a farinha de trigo.
2. Leve essa mistura para uma bacia e acrescente farinha de trigo, aos poucos, amassando até conseguir uma massa lisa, que não grude nas mãos. Pode ser necessário um pouco mais de farinha até dar o ponto.
3. Sove bem a massa e deixe-a crescer até dobrar de volume, coberta com filme plástico e em local quente.
4. Depois do crescimento, divida a massa no número de pães desejado e molde cada um.
5. Deixe crescer novamente por aproximadamente 20 minutos.
6. Leve ao forno à temperatura de 150 °C, até dourar.

DICAS

Sirva com queijo branco ou manteiga.

Até 50% da farinha de trigo comum pode ser substituída por farinha de trigo integral, o que tornará o pão mais saudável.

Suco de cenoura, laranja e couve

1 laranja
2 folhas de couve
1 cenoura média
500 mℓ de água
Açúcar a gosto
Cubos de gelo

1. Lave bem a laranja, as folhas de couve e a cenoura.
2. Corte a laranja em quatro e retire a parte branca central.
3. Bata todos os ingredientes no liquidificador e coe.
4. Sirva gelado e adoçado, se achar necessário.

Costela suína

10 mℓ de óleo

1 kg de costela suína

4 dentes de alho grande

1 cebola grande

½ pimenta dedo-de-moça pequena bem picada

Cebolinha e salsinha a gosto

Sal a gosto

1. Corte a costela.
2. Aqueça uma panela de boca larga.
3. Coloque o óleo e os pedaços de costela e deixe dourar.
4. Quando a costela estiver bem dourada, abra um espaço no centro e coloque o alho para dourar.
5. Quando o alho estiver levemente dourado, acrescente a cebola em cubos.
6. Deixe dourar tudo muito bem.
7. Acrescente o sal e a pimenta.
8. Vá colocando água aos poucos, até que a carne fique bem macia e soltando dos ossos.
9. No final deixe com um pouco de caldo, acrescente a cebolinha e a salsinha, bem picadas, e desligue o fogo.

DICAS

Se você não aprecia muito o ardor da pimenta, retire as sementes e a parte branca da pimenta dedo-de-moça, pois o ardor está nessa parte.

Você pode preparar essa carne com um dia de antecedência e guardar na geladeira com bastante caldo. Com o resfriamento, a gordura vai se solidificar e você pode desengordurar a costela antes de servir, dessa forma vai continuar muito saborosa, mas com bem menos gordura. Depois basta levar ao fogo para que o caldo chegue à quantidade adequada e levar para a mesa.

Salada de almeirão com alho

1 maço de almeirão lavado
1 dente de alho picadinho
20 mℓ de azeite de oliva
Sal a gosto
½ limão-cravo

1. Rasgue as folhas de almeirão.
2. Aqueça o azeite em uma frigideira e coloque o alho.
3. Deixe dourar levemente.
4. Jogue o azeite e alho quentes sobre as folhas de almeirão.
5. Termine de temperar a salada com sal e limão.

Mandioca cozida, temperada com vinagrete de limão e cebolinha

1 kg de mandioca
2 tomates
1 cebola roxa
½ limão-cravo
Cebolinha a gosto
100 mℓ de azeite de oliva
½ pimenta dedo-de-moça
Sal a gosto

1. Descasque e cozinhe a mandioca.
2. Enquanto a mandioca cozinha, prepare um vinagrete com os demais ingredientes.
3. Pique todos em cubos pequenos e a cebolinha bem fina. Tempere com sal, limão-cravo e azeite.
4. Retire a mandioca da panela, escorra o excesso de água e coloque em uma travessa.
5. Jogue o vinagrete sobre a mandioca ainda quente.

DICA

Você pode acrescentar um pouco de manteiga sobre a mandioca ainda quente, antes de colocar o vinagrete, pois isso acentuará ainda mais o sabor.

Doce de abóbora em calda

1 kg de abóbora descascada e cortada em cubos

15 g de cal virgem

2 ℓ de água

Calda

600 g de açúcar

500 mℓ de água

4 cravos-da-índia

1. Corte a abóbora em pedaços de aproximadamente 4 cm.
2. Misture a cal virgem nos 2 ℓ de água e deixe a abóbora de molho por cerca de 2 horas.
3. À parte, prepare a calda: junte o açúcar, a água, os cravos-da-índia e coloque para ferver.
4. Deixe a calda encorpar.
5. Depois do tempo do molho, lave os pedaços de abóbora, coloque na calda e deixe cozinhar, até que a abóbora fique macia internamente.
6. Espere esfriar e sirva.

DICAS

Reserve as sementes da abóbora para o preparo da receita "Panqueca de carne com legumes ao molho de tomate".

Guarde na geladeira o que sobrar do doce para a sobremesa do dia seguinte. Quanto mais tempo permanecer na calda mais saboroso ele ficará.

Suflê de abobrinha italiana

4 abobrinhas italianas cozidas em água e sal (700 g)

200 mℓ de leite

½ cebola

3 claras

3 gemas

15 g de queijo parmesão ralado

20 g de amido de milho

20 g de manteiga sem sal

Sal e pimenta-do-reino a gosto

1. Bata as claras em neve e reserve.
2. Bata os demais ingredientes no liquidificador.
3. Misture delicadamente o líquido com as claras.
4. Unte um ramequim ou pirex com manteiga e polvilhe com amido de milho.
5. Coloque o creme delicado em forno preaquecido à temperatura de 200 °C.
6. Deixe assar no forno por aproximadamente 20 minutos, até ficar firme e levemente dourado.

DICA

Você pode substituir a abobrinha por outros legumes, como couve-flor ou brócolis.

Maçã assada com canela, mel, nozes e sorvete

6 maçãs

10 g de manteiga sem sal

20 mℓ de brandy

60 g de mel

100 g de nozes

Canela em pó a gosto

1. Lave as maçãs e retire as sementes.
2. Unte um refratário com a manteiga.
3. Distribua as maçãs e coloque sobre elas o brandy, o mel, as nozes e a canela em pó.
4. Leve ao forno à temperatura de 150 °C, por aproximadamente 40 minutos.
5. Retire do forno e sirva com sorvete de creme.

CARDÁPIO
Café da manhã
Bolo de fubá com goiabada
Suco de beterraba, limão e maçã
Café com leite
Almoço
Arroz branco
Abobrinha refogada
Coxas de frango recheadas com espinafre
e cebolas assadas
Sobremesa: doce de abóbora em calda
(elaborado na terça-feira)
Jantar/Lanche
Panqueca de carne com legumes ao molho de tomate
Suco de melão
Sobremesa: creme de mamão papaia
com sorvete de baunilha
quarta

Bolo de fubá com goiabada

3 ovos

150 mℓ de óleo

200 mℓ de leite

10 g de fermento químico em pó

270 g de açúcar

115 g de farinha de trigo

180 g de fubá

Pedaços de goiabada-cascão a gosto

1. Bata os ovos, o leite, o óleo e o açúcar no liquidificador.
2. Misture a farinha de trigo com o fubá e vá acrescentando ao liquidificador. Se achar necessário, desligue e mexa com uma colher.
3. Acrescente o fermento químico.
4. Coloque a massa em assadeira untada, de aproximadamente 25 cm de diâmetro.
5. Coloque sobre a massa pedaços de goiabada cascão passados na farinha de trigo para que fiquem no meio da massa.
6. Asse em forno à temperatura de 180 °C, por aproximadamente 35 minutos.

DICAS

O bolo pode ser feito sem a goiabada. Mesmo sem ela fica muito gostoso.

Você pode variar o sabor da massa de fubá acrescentando sementes de erva doce ou canela em pó.

Suco de beterraba, limão e maçã

1 beterraba pequena
1 maçã inteira
1 limão (somente o suco)
1 ℓ de água gelada

1. Lave e pique a maçã e a beterraba com casca.
2. Coloque a água e bata bem.
3. Misture o suco de limão e coe.

DICAS

Você pode servir sem coar e aproveitar as fibras do alimento.

Nesse suco, a beterraba e a maça dão dulçor ao suco; não é necessário acrescentar açúcar.

Arroz branco

300 g de arroz lavado e escorrido

15 mℓ de óleo

2 dentes de alho picados

¼ cebola cortada em cubos pequenos

600 mℓ de água quente

Sal a gosto

1. Aqueça uma panela, coloque o óleo e o alho e deixe dourar levemente.
2. Acrescente a cebola e depois o arroz lavado e escorrido.
3. Coloque a água quente e tempere com sal.
4. Deixe cozinhar até que os grãos do arroz estejam macios.

DICA

Se quiser enriquecer nutricionalmente o arroz, você pode acrescentar cenoura ralada, milho ou mesmo folhas de cenoura.

Abobrinha refogada

1 abobrinha verde nova

10 mℓ de azeite de oliva

1 dente de alho pequeno picado

¼ de cebola cortada em cubos pequenos

Sal e pimenta-do-reino a gosto

Salsinha e cebolinha cortadas bem finas, a gosto

1. Lave e seque a abobrinha.
2. Rale a abobrinha no lado grosso do ralador (lado usado para fazer batata palha). Aqueça o azeite, refogue o alho e a cebola; quando estiverem murchos e brilhantes acrescente a abobrinha.
3. Refogue rapidamente para que ela não cozinhe demais.
4. Acrescente a salsinha e a cebolinha e mexa bem.
5. Tempere com sal e pimenta-do-reino a gosto.
6. Sirva assim que ficar pronta.

Coxas de frango recheadas com espinafre e cebolas assadas

4 coxas e sobrecoxas desossadas

½ maço de espinafre

2 dentes de alho picados

1 cebola grande

100 g de bacon em cubos pequenos

150 g de queijo muçarela

Sal e pimenta-do-reino a gosto

10 mℓ de óleo de soja

1. Salteie o bacon à temperatura de 130 °C, para que ele solte a gordura.
2. Acrescente o alho e comece a dourar. Nesse momento acrescente a cebola cortada em pétalas e mexa até ficar translúcida.
3. Acrescente o espinafre limpo e grosseiramente picado.
4. Salteie, tempere com sal e pimenta-do-reino a gosto.
5. Leve para um refratário e deixe o recheio esfriar um pouco. Acrescente a muçarela ralada e misture bem.
6. Abra as coxas e sobrecoxas e tempere com sal e pimenta-do-reino; deixe a pele para baixo e recheie com a mistura reservada, enrole fechando bem com a pele sem rasgá-la.
7. Leve ao forno preaquecido a 180 °C, em assadeira untada com óleo.
8. Deixe assar por 40 minutos, até que a pele esteja dourada.

Panqueca de carne com legumes ao molho de tomate

Massa

3 ovos

300 mℓ de leite

40 g de manteiga sem sal

150 g de farinha de trigo (pode ser integral)

10 g de açúcar

Sal a gosto

Recheio

700 g de carne moída

½ cebola

200 g de vagem

2 tomates

2 dentes de alho

½ maço de salsinha e cebolinha

Molho de pimenta a gosto

Molho rápido de tomate

8 tomates bem maduros

½ maço de manjericão

50 mℓ de óleo

1 dente de alho picado

½ cebola picada

Sal e pimenta-do-reino a gosto

1. Junte todos os ingredientes da massa e bata no liquidificador.
2. Se necessário, use mais um pouco de leite para acertar a textura da massa, que deve ficar fluida e cremosa.
3. À parte, faça o recheio, refogando os temperos e a carne; mexa sempre para que a carne fique bem soltinha.
4. Acrescente a vagem cortada em rodelas.
5. Deixe a vagem cozinhar por alguns minutos e acrescente os tomates, o cheiro-verde e desligue. O recheio deve ficar úmido.
6. Aqueça uma frigideira, unte com óleo e coloque uma porção pequena da massa, deixe cozer de um lado e vire para que fique levemente dourada dos dois lados.
7. Coloque uma porção do recheio no centro da massa e enrole.
8. Para o molho, lave os tomates, corte grosseiramente e bata rapidamente no liquidificador.
9. Refogue o alho e a cebola no óleo.
10. Acrescente o tomate no refogado; quando ferver, tempere com sal e pimenta-do-reino.
11. Deixe ferver por aproximadamente 15 minutos, acrescente o manjericão e desligue o fogo.
12. Cubra as panquecas com o molho e sirva.

DICAS

Aproveite as pontas da cebola ou os talos de salsinha e bata junto com os ingredientes da massa. Ela ficará muito mais saborosa.

As sementes da abóbora, da sobremesa do almoço de terça, podem ser torradas, descascadas e colocadas no recheio para dar crocância e a sensação de que há frutas secas no recheio.

Creme de mamão papaia com sorvete de baunilha

1 mamão papaia

3 bolas de sorvete de baunilha

Licor de cassis (ou de outra fruta de sua preferência)

1. Coloque o mamão e o sorvete no liquidificador e bata bem.
2. Despeje em taças e sirva acompanhado de licor.

DICAS

Deixe para preparar essa receita na hora de servir, para que a textura do mamão com o sorvete fique bem cremosa.

Você pode servir o creme de papaia com uma compota de mamão verde ralado.

A casca do mamão papaia pode ser um ótimo hidratante para a pele do rosto. Para isso você deve colocar a parte interna da casca do mamão sobre o rosto. Deixe agir até que a casca do mamão seque. Depois é só retirar e lavar a pele com água.

CARDÁPIO
Café da manhã
Muffin de tomate
Suco de uva Niágara
Café com leite
Almoço
Bolo de carne moída
Cebolas caramelizadas
Arroz integral (ver p. 39)
Salada de tomate e pepino com agrião
Sobremesa: pêssegos confitados (elaborados na segunda-feira)
Jantar/Lanche
Omelete de talos de agrião e queijo
Suco de casca de abacaxi (use as cascas reservadas e congeladas na segunda-feira)
Sobremesa: uva Niágara
quinta

Muffin de tomate

230 g de farinha de trigo

100 mℓ de leite morno

3 ovos

80 g de manteiga sem sal derretida

15 g de açúcar

3 g de sal

10 g de fermento químico em pó (para bolo)

15 g de queijo parmesão ralado

150 g de tomates picados em cubos pequenos

15 g de salsinha picada

1. Bata os ovos e o leite e reserve.
2. Em outro recipiente, peneire a farinha, o açúcar, o sal e o fermento. Misture.
3. Acrescente os ovos batidos com o leite, misture bem e, por último, acrescente o queijo, o tomate em cubinhos e a salsinha.
4. Leve para assar em forminhas de muffin untadas com manteiga e enfarinhadas.
5. Asse em forno à temperatura de 150 ºC, por 25 minutos ou até que os bolinhos estejam dourados.

DICA

Muffins são produções fáceis e gostosas, e você pode aproveitar sobras de queijos, embutidos, azeitonas ou outras conservas, ou até mesmo sobras de legumes já preparados. Basta equilibrar a umidade da massa e dar o sabor que quiser, evitando assim o desperdício de alimentos.

Suco de uva Niágara

1 kg de uvas sem o talo
200 g de açúcar refinado
Água, para cobrir as uvas

1. Lave as uvas com bastante cuidado, coloque em uma panela, cubra com água e misture o açúcar. Deixe ferver até começar a se desfazer, por cerca de 5 minutos de fervura.
2. Deixe esfriar e despeje no liquidificador, bata e passe por uma peneira.
3. Coloque em uma garrafa e deixe na geladeira; na hora de servir junte água e gelo a gosto.

DICA

Esse suco fica concentrado e se conserva em geladeira por até 5 dias.

Bolo de carne moída

½ kg de carne bovina moída

2 dentes de alho bem amassados (em pasta)

½ cebola ralada

Sal e pimenta-do-reino a gosto

1 ovo

55 g de farinha de trigo

Recheio

100 g de presunto em fatias

100 g de queijo muçarela em fatias

100 g de bacon fatiado bem fino

1. Misture a carne moída com o sal, a pimenta-do--reino, o alho e a cebola.
2. Junte o ovo, a farinha de trigo e amasse bem.
3. Abra a massa sobre um filme plástico no formato de um retângulo e cubra com as fatias de queijo e de presunto.
4. Com o auxílio do filme plástico enrole como um rocambole.
5. Cubra todo o rocambole com as fatias de bacon e leve ao forno à temperatura de 180 °C, por 45 minutos.

DICA

Essa receita aceita várias opções de recheios. Na hora de escolher, veja na geladeira as sobras de frios, queijos ou legumes.

[Bolo de carne moída]

Cebolas caramelizadas

2 cebolas cortadas em pétalas
80 g de manteiga sem sal
80 g de açúcar
100 mℓ de vinho branco
Sal e pimenta-do-reino a gosto

1. Corte a cebola em 4 partes e separe as pétalas.
2. Derreta a manteiga, coloque a cebola, o açúcar e refogue.
3. Quando a cebola murchar, deglaceie com o vinho.
4. Acerte o sal e a pimenta-do-reino.

Salada de tomate e pepino com agrião

2 tomates

1 pepino

½ maço de agrião (reserve os talos)

Suco de ½ limão

80 mℓ de azeite de oliva

Sal a gosto

1. Lave e higienize os tomates, o pepino e o agrião.
2. Corte em rodelas bem finas o pepino e os tomates, com casca e sementes.
3. Forre as laterais de uma travessa com o agrião e junte os tomates e o pepino no centro da travessa.
4. Faça um molho com o suco de limão e o azeite e tempere a salada com sal antes de servir.

DICA

Guarde os talos de agrião para rechear a omelete do jantar.

Omelete de talos de agrião e queijo

5 mℓ de óleo
6 ovos
Talos de um maço de agrião
150 g de queijo parmesão ralado
Sal e pimenta-do-reino a gosto
Salsinha picada

1. Bata os ovos e tempere com sal e pimenta-do--reino.
2. Corte em fatias bem finas os talos de agrião que sobraram da salada do almoço.
3. Misture os talos e a salsinha aos ovos batidos e o queijo.
4. Leve para uma frigideira quente untada com pouco óleo.

CARDÁPIO
Café da manhã
Bolo de laranja
Suco de cenoura com maracujá
Café com leite
Almoço
Salmão assado com molho de limão
Arroz branco (ver p. 93)
Salada morna de vagem, espinafre e tomate
Suco de abacaxi com beterraba
Sobremesa: mousse de maracujá
Jantar/Lanche
Lasanha de berinjela ao forno
Salada de rúcula e agrião
Sobremesa: abacaxi em calda
sexta

Bolo de laranja

1 laranja com casca
3 ovos
70 mℓ de óleo
100 mℓ de leite ou suco de laranja
200 g de açúcar
230 g de farinha de trigo
10 g de fermento químico

1. Lave bem a laranja.
2. Corte-a em quatro e retire as sementes e a parte branca central.
3. Corte em mais pedaços e coloque no liquidificador com os demais ingredientes.
4. Bata bem e coloque em forma untada com manteiga e farinha de trigo.
5. Asse em forno à temperatura de 150 °C, até que fique dourado e seu cheiro se espalhe pela casa.

Suco de cenoura com maracujá

2 maracujás
1 cenoura grande
1 ℓ de água
60 g de açúcar
Gelo a gosto

1. Coloque no liquidificador as polpas do maracujá e a água.
2. Bata bem e passe pela peneira.
3. Volte ao liquidificador e bata o suco de maracujá com a cenoura bem lavada e picada. Acrescente o açúcar.
4. Sirva bem gelado.

Salmão assado com molho de limão

1 filé de salmão de aproximadamente 800 g

Sal e pimenta-do-reino a gosto

10 mℓ de azeite de oliva

1 cebola ralada

2 dentes de alho em pasta

100 mℓ de suco de limão

300 mℓ de creme de leite fresco

1. Tempere o peixe com todos os outros ingredientes.
2. Coloque em uma assadeira untada com azeite e leve ao forno aquecido à temperatura de 180 °C, por aproximadamente 12 minutos.
3. Retire o peixe do forno e coloque em um prato, cubra com papel-alumínio ou uma tampa para não esfriar.
4. Coloque a assadeira na chama do fogão e, com um pouco de água, vá soltando o found que ficou na assadeira.
5. Acrescente o creme de leite e prove; se o sabor de limão estiver muito fraco, acrescente mais um pouco de suco da fruta.
6. Deixe reduzir até a textura de molho fino, acrescente raspas de limão e corrija o sal.

DICAS

Você pode substituir o salmão por outro peixe que tenha filé alto e uma boa quantidade de gordura, ela é essencial para assar.

Se quiser incrementar o prato, você pode colocar tomates-cereja e dentes de alho inteiros para assar junto com o peixe; separe quando for fazer o molho e depois junte ao peixe na hora de servir.

[Salmão assado com molho de limão]

Salada morna de vagem, espinafre e tomate

400 g de vagem fresca

½ maço de espinafre

1 tomate italiano

1 cebola roxa picada

2 dentes de alho picados

20 mℓ de vinagre balsâmico

20 mℓ de azeite de oliva extravirgem

Sal a gosto

1. Higienize as vagens, o espinafre e o tomate.
2. Corte as pontinhas das vagens.
3. Leve ao fogo uma panela com água para ferver. Quando levantar fervura, coloque sal na água e, em seguida, as vagens.
4. Cozinhe por aproximadamente 7 minutos, retire da água fervente e passe em água gelada, para parar a cocção. Reserve.
5. Na mesma água de cozimento da vagem, branqueie o espinafre por aproximadamente 2 minutos; retire e passe em água gelada para parar a cocção.
6. Aqueça o azeite e refogue rapidamente o alho e a cebola, junte a vagem e depois o espinafre; apague o fogo e reserve.
7. Corte o tomate em cubos e tempere com sal e pimenta-do-reino. Misture o tomate com a vagem e o espinafre.
8. Tempere com vinagre balsâmico, azeite e sal a gosto.

Suco de abacaxi com beterraba

1 abacaxi
1 ½ ℓ de água
1 beterraba
Gelo e açúcar a gosto

1. Lave bem o abacaxi e a beterraba.
2. Descasque o abacaxi e use as cascas no suco, com metade da polpa da fruta. Coloque no liquidificador com a água e a beterraba.
3. Bata bem e passe pela peneira.
4. Se sentir necessidade de adoçar, bata o suco com gelo e açúcar a seu gosto.

Mousse de maracujá

Mousse

3 maracujás

100 mℓ de água

300 g de creme de leite com o soro

395 g de leite condensado

Calda

2 maracujás

200 mℓ de água

150 g de açúcar

10 g de amido de milho

Mousse

1. Corte os maracujás ao meio, retire a polpa e reserve as cascas.
2. Bata a polpa com 100 mℓ de água e coe.
3. Misture bem o suco de maracujá, o creme de leite e o leite condensado.

Calda

1. Bata a polpa dos 2 maracujás com a água e coe. Junte o açúcar e o amido de milho diluído em 200 mℓ de água.
2. Leve ao fogo até ficar em ponto de geleia.
3. Monte a mousse dentro das metades de casca dos maracujás, ou taças de sobremesa, e coloque a calda por cima de cada mousse.

Lasanha de berinjela ao forno

15 mℓ de azeite de oliva

1 cebola pequena

2 dentes de alho

500 g de carne moída

10 tomates italianos bem maduros e firmes

⅓ de maço de cebolinha

⅓ de maço de salsa

3 berinjelas grandes

2 ovos

200 g de farinha de trigo

Sal e pimenta-do-reino a gosto

400 g de queijo muçarela

100 g de queijo parmesão

1. Aqueça uma panela e coloque o azeite, o alho e a cebola.
2. Refogue até ficarem levemente dourados.
3. Acrescente a carne moída e mexa sempre, até que fique soltinha.
4. Acrescente os tomates batidos no liquidificador com pele e sementes e deixe cozinhar até reduzir e ficar consistente. Reserve o molho.
5. Lave bem as berinjelas e corte-as em rodelas.
6. Tempere com sal e deixe descansar por aproximadamente 20 minutos.
7. Depois desse tempo as berinjelas terão soltado bastante líquido. Lave-as bem e deixe escorrer todo o líquido.
8. Bata os ovos e tempere com sal e pimenta-do-reino.
9. Passe as berinjelas pelo ovo e depois pela farinha de trigo; leve ao forno com temperatura próxima a 180 °C, em forma untada com azeite. Deixe até que fiquem douradas.
10. Para a montagem, coloque um pouco de molho de carne no fundo de um refratário, cubra com as berinjelas assadas, depois mais uma camada de molho e uma de queijo muçarela.
11. Prossiga assim até chegar à última camada, que deve ser de molho. Por último, cubra com o queijo parmesão.
12. Leve ao forno para gratinar o queijo e sirva bem quente.

DICA

Você pode fazer essa lasanha substituindo a berinjela por abobrinha. Nesse caso você pode substituir o molho de carne por um molho branco ou rosé (mistura de molho branco com molho de tomate), tornando assim a lasanha vegetariana.

Salada de rúcula e agrião

½ maço de agrião
1 maço de rúcula mini
1 dente de alho laminado fino
15 mℓ de azeite de oliva
Suco de 1 limão
Sal a gosto

1. Lave as folhas e tire o excesso de água.
2. Aqueça o azeite e doure levemente o alho.
3. Jogue esse azeite ainda quente sobre as folhas de rúcula e agrião.
4. Finalize o tempero com sal e suco de limão.
5. Sirva a seguir.

DICA

Você também pode temperar dessa maneira saladas de outras folhas um pouco mais grossas e escuras, como almeirão e chicória.

Abacaxi em calda

1 abacaxi
250 g de açúcar
500 mℓ de água
3 cravos-da-índia
1 unidade de canela em pau

1. Corte o abacaxi em rodelas ou em cubos.
2. Misture o açúcar, o cravo, a canela e a água e deixe cozinhar por alguns minutos até começar a engrossar.
3. Junte os pedaços de abacaxi e deixe cozinhar na calda por aproximadamente 10 minutos.
4. Guarde na geladeira e sirva frio, com creme de leite fresco batido ou com sorvete de creme.

verão

Que calor! O verão chegou e fica conosco durante o período de 21 dezembro a 20 março! As temperaturas nessa estação ficam, em média, entre 19 °C e 30 °C, e comumente, as chuvas caem no final da tarde, mantendo alta a umidade do ar.

Com o calor a alimentação precisa ser leve, propiciar a boa forma física e, é claro, ser muito nutritiva, pois necessitamos de disposição para aproveitar dias mais longos e, ainda, dias de férias!

Nessa estação abuse das frutas e dos vegetais, faça refeições saborosas e leves, mas não exagere nas quantidades. O ideal é comer mais vezes e porções menores em cada refeição. Para utilizar o cardápio sugerido dessa maneira, deixe o suco como lanche entre as refeições, assim o intervalo será menor e você se sentirá nutrido o tempo todo.

Lembre-se da necessidade de hidratar o corpo. Beba bastante água e oriente seus familiares a fazer o mesmo. Um bom truque é combinar entre as pessoas da família: cada vez que um for beber água, deve lembrar de oferecer aos demais; com isso cria-se o habito de beber água mesmo que não se tenha sede, e a saúde de todos ficará melhor. Os sucos de frutas complementam uma alimentação saudável e a hidratação necessária.

Produtos da estação

No verão a quantidade de produtos sazonais é grande – são muitas frutas que nesse período estão mais doces que no restante do ano, os legumes são variados e os pimentões dão aos supermercados o perfume da cozinha brasileira. Devido ao calor, as hortaliças sofrem um pouco, pois não são todas que resistem ao sol; mesmo assim temos boas opções para compor as refeições diárias.

Para abordar alguns desses produtos, vamos começar falando de uma das frutas mais saborosas dessa estação, o **abacaxi**. Originário da América tropical e subtropical, possivelmente do sul do Brasil, tem como principal produtor mundial a Tailândia. Entre as muitas variedades dessa fruta, as mais vendidas no Brasil são o havaí e o pérola.

O abacaxi pérola normalmente é um pouco menor e tem a polpa amarelada, de sabor bem doce, principalmente no verão.

São frutos muito versáteis e podem ser utilizados tanto no suco do dia a dia como no acompanhamento dos pratos principais das festas de fim de ano. Combina muito bem com carnes suínas, mas também se presta com excelência ao preparo de sobremesas, tais como sorvetes, recheios de bolos e tortas ou como componente de cucas. Além disso suas cascas rendem um delicioso chá ou suco.

Pertence à família das bromélias, por isso sua flor também é um item decorativo. Nutricionalmente o abacaxi também é um fruto nobre: é rico em vitaminas A, B1, C e fibras, além de conter magnésio, cobre, manganês e ferro, podendo ser utilizado para amaciar carnes por conter uma enzima chamada bromelina.

Esses nutrientes fazem do abacaxi um alimento funcional que auxilia na digestão e nas funções intestinais e ainda melhora a imunidade. Além de todas essas vantagens é uma fruta que tem uma quantidade baixa de calorias.

No momento da compra verifique as folhas da coroa: quando as folhas se soltam com facilidade é sinal de que o abacaxi está maduro; mas é preciso observar o aspecto da casca também, se não há nela pontos de apodrecimento ou muito moles, pois isso significa que a fruta já está passada.

Depois da compra, se o fruto estiver maduro guarde-o em geladeira; mas se ainda não estiver no ponto, ele deve ficar em local fresco e arejado para concluir o período de maturação. Se estiver maduro e em boas condições, retire a coroa e guarde o fruto na geladeira, dentro de um saco plástico, por até duas semanas.

Entre as hortaliças destacamos os pimentões, que são originários da América Central, da família das pimentas Capsicum. No Brasil os mais vendidos são os verdes, vermelhos e amarelos, mas já existe uma variedade em coloração e tamanho que pode ser encontrada em empórios ou locais de maior diversidade de insumos.

Os pimentões vermelho e amarelo já estão maduros, e o pimentão verde ainda está em estágio de pré-maturação. Por isso, os pimentões vermelho e amarelo são normalmente mais doces e suaves que o verde. Existe uma polêmica que envolve os pimentões: algumas pessoas adoram e outras odeiam por se tratar de um ingrediente que se sobressai aos demais se não for usado com parcimônia, e além disso sua digestão é mais lenta, o que faz com que algumas pessoas não se sintam bem ao consumi-lo.

Nutricionalmente o pimentão vermelho tem destaque em relação aos demais; contudo os pimentões de modo geral são fontes de antioxidantes e contém as vitaminas A, C, B1 e B6. Entre os seus nutrientes estão ainda o triptofano, ácido fólico, molibdênio, cobre, manganês e potássio, além de outros microelementos fundamentais para o corpo.

Na hora da compra procure frutos com a pele intacta e brilhante, sem pontos de amolecimento. Nesse estado você pode conservar na geladeira dentro de saco plástico por 2 semanas.

No momento do consumo, para facilitar a digestão, uma dica é tirar a pele, queimando os pimentões diretamente sobre a chama do fogão e depois deixando-os por alguns minutos dentro de um saco plástico para abafar; assim a pele se solta com facilidade e você pode usar a polpa na produção dos seus pratos.

Das hortaliças podemos destacar o almeirão, uma folha amarga que enfrenta alguma resistência de quem não aprecia esse sabor. Também conhecido como chicória amarga, é uma planta perene, originária da Europa, muito apreciada e cultivada em diversos países.

O almeirão é excelente fonte de vitaminas A, C e do complexo B e também contém fósforo, ferro e cálcio. As substâncias denominadas lactucina e lactupicrina – conhecidas por serem substâncias benéficas à saúde, pois possuem propriedades analgésicas – são as responsáveis por dar o sabor amargo ao almeirão.

São inúmeros os tipos de almeirão, mas os mais comuns são o pão-de-açúcar e o italiano. Podem ser servidos refogados, como recheios ou como saladas e, geralmente, combinam bem com proteínas mais untuosas e fortes como no cardápio que elaboramos para essa primeira semana do verão.

Vejamos agora os demais itens disponíveis no período do verão, segundo a tabela de produtos do Entreposto Terminal de São Paulo da Ceagesp.

FRUTAS

Abacate-fucks/geada, abacaxi-havaí, abacaxi-pérola, acerola, ameixa estrangeira, ameixa nacional, amêndoa, amendoim, amora, banana-maçã, banana-nanica, caqui, carambola, castanha estrangeira, castanha nacional, cereja estrangeira, cidra, coco-verde, coco seco, cupuaçu, damasco estrangeiro, figo, framboesa, goiaba, graviola, grapefruit, jaca, kiwi nacional, kiwi estrangeiro, laranja-baía, laranja-pera, lichia, limão-taiti, maçã Fuji, maçã-gala, maçã Granny Smith, maçã Red Del, mamão-formosa, manga Haden, manga Palmer, manga Tommy, mangostão, maracujá doce, marmelo, melancia, melão amarelo, nectarina estrangeira, nectarina nacional, nozes, pera nacional, pera estrangeira, pêssego nacional, pêssego estrangeiro, physalis, pinha, pitaia, romã, sapoti, seriguela, tâmara, tamarindo, tangerina-cravo, uva Itália, uva Niágara e uva-rubi.

LEGUMES

Abóbora-d'água, abóbora-japonesa, abóbora-seca, abobrinha-brasileira, berinjela-japonesa, beterraba, cenoura, cogumelo, feijão corado, jiló, maxixe, pepino-japonês, pimenta cambuci, pimenta-vermelha, pimentão amarelo, pimentão verde, pimentão vermelho, quiabo, tomate, tomate-caqui, tomate-salada e vagem.

HORTALIÇAS

Acelga, alface, alho-poró, almeirão, aspargos, brócolis, cenoura, chicória, coentro, couve-de-bruxelas, endívias, erva-doce, escarola, folha de uva, gengibre, gobo, hortelã, louro, manjericão, mostarda, nabo, orégano, palmito, rabanete, repolho, rúcula, salsa e salsão.

PESCADOS

Abrotea, agulhão, atum, bacalhau seco, bagre, berbigão, bonito, camarão de cativeiro, cambeva, caranguejo, carapau, cascote, corvina, curimbatá, dourado, espada, gordinho, guaivira, lambari, lula, mandi, manjuba, meca, merluza, mexilhão, mistura, namorado, olho-de-boi, oveva, pacu, palombeta, pampo, papa-terra, pargo, pescada, piau, pintado, piranha, pitangola, polvo, robalo, salmão, sardinha fresca, siri, tilápia, truta, vira, xaréu e xixarro.

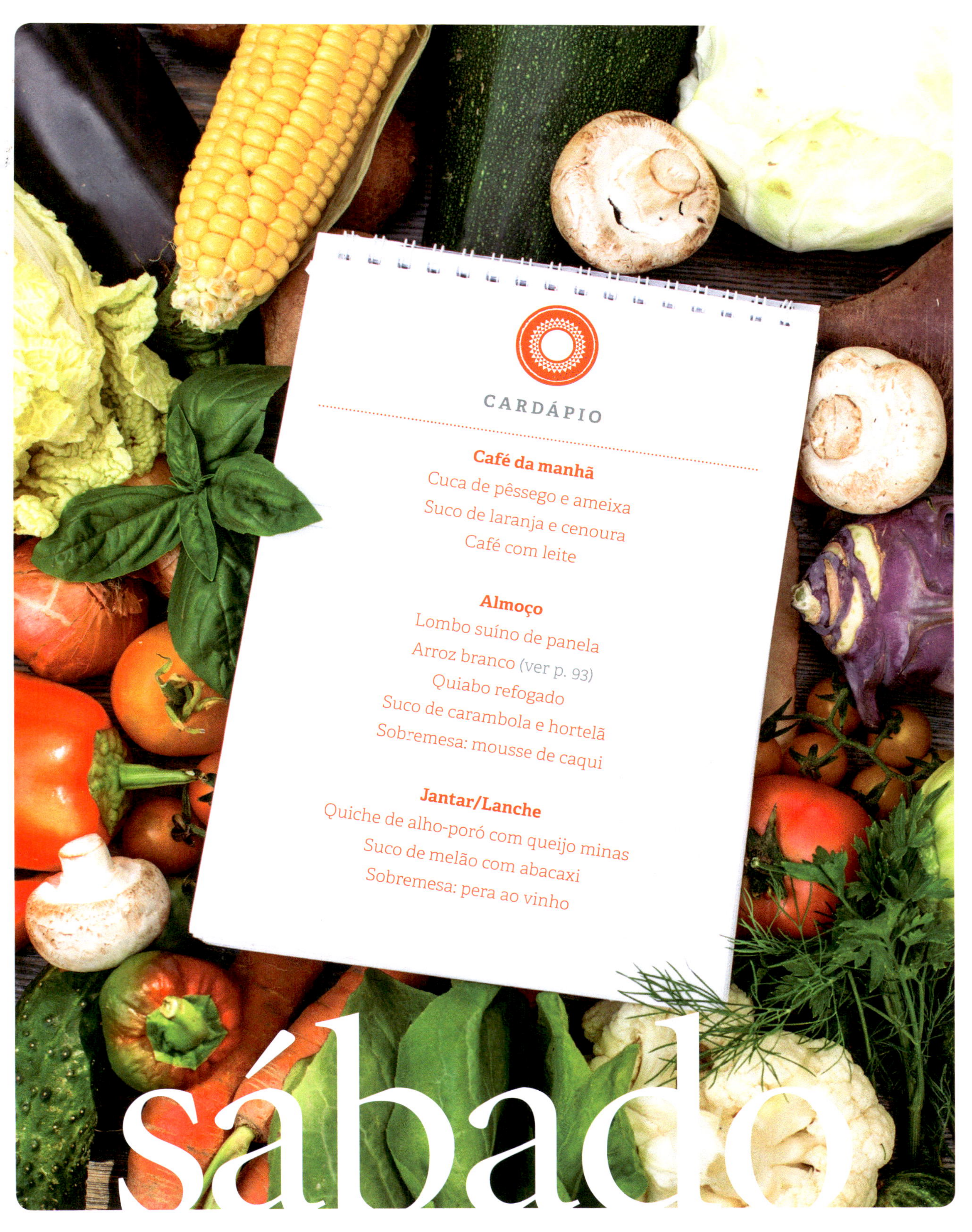
CARDÁPIO
Café da manhã
Cuca de pêssego e ameixa
Suco de laranja e cenoura
Café com leite
Almoço
Lombo suíno de panela
Arroz branco (ver p. 93)
Quiabo refogado
Suco de carambola e hortelã
Sobremesa: mousse de caqui
Jantar/Lanche
Quiche de alho-poró com queijo minas
Suco de melão com abacaxi
Sobremesa: pera ao vinho
sábado

Cuca de pêssego e ameixa

Cuca

10 g de fermento biológico seco

45 g de açúcar

350 g de farinha de trigo

200 mℓ de leite morno

60 g de manteiga sem sal

2 ovos ligeiramente batidos

5 g de sal

1ª Cobertura

2 pêssegos fatiados em meia lua

2 ameixas fatiadas em meia lua

2ª Cobertura

60 g de farinha de trigo

70 g de açúcar

40 g de manteiga sem sal

3 g de canela em pó

1. Misture o fermento, o açúcar, 40 g de farinha de trigo e 50 mℓ de leite morno, até obter um creme espesso.
2. Adicione a manteiga, os ovos, o sal e, aos poucos, o restante do leite alternando com a farinha de trigo.
3. Bata vigorosamente até desprender do fundo da tigela – essa etapa pode ser feita na batedeira com o batedor especifico para massas pesadas.
4. Coloque a massa em uma forma baixa, untada com óleo ou manteiga.
5. Cubra com um pano úmido e deixe descansar até crescer e dobrar de volume.
6. Depois que a massa tiver crescido, distribua as fatias de pêssego e de ameixa, intercalando-as sobre a massa.
7. Deixe descansar por alguns minutos enquanto prepara a segunda cobertura. Esse segundo descanso é importante para que a massa retome o crescimento.
8. À parte, misture os ingredientes da segunda cobertura, formando uma farofa, e polvilhe sobre a massa.
9. Asse em forno, preaquecido, à temperatura de 180 ºC, por cerca de 40 minutos ou até que a farofa fique dourada.

DICAS

A cuca é um bolo típico do sul do país e é muito versátil, você pode fazer com diversas frutas (banana, maça, uvas, peras). Por isso é uma ótima receita para aproveitar as frutas que já estão há vários dias na geladeira.

Essa é uma forma de fazer as crianças comerem frutas no café da manhã, no lanche da tarde e mesmo no lanche da escola.

Lombo suíno de panela

15 mℓ de óleo

1,5 kg de lombo suíno

2 dentes de alho em cubos

1 cebola grande em cubos médios

1 cenoura grande em cubos médios

1 pimenta dedo-de-moça pequena

Salsinha e cebolinha a gosto

Sal a gosto

1. Aqueça bem uma panela grande.
2. Coloque o óleo e o lombo suíno.
3. Doure bem a peça de todos os lados.
4. Acrescente ao lado da peça os dentes de alho e mexa até que fiquem dourados. Cuidado porque esse processo é rápido.
5. Em seguida acrescente a cebola e a cenoura e deixe dourar também.
6. Vá mexendo para que o dourado do fundo da panela se transfira para a carne e para os vegetais.
7. Coloque a pimenta dedo-de-moça, cortada em cubos e sem as sementes, e o sal.
8. Acrescente água fervente até dois terços da altura da carne.
9. Como essa cocção é demorada, vá colocando água sempre que achar necessário, por aproximadamente 1 hora e meia.
10. No final você terá um molho concentrado com o sabor da carne e dos vegetais.
11. Tire a carne da panela, fatie finamente e processe o molho com o mixer.
12. Volte o molho para a panela e nele coloque a salsinha e a cebolinha, picadas bem fininho.
13. Monte as fatias de carne em uma travessa, regue com o molho e sirva.

DICA

Essa carne, enquanto está quente, é muito saborosa em uma refeição; mas se houver sobras, ela pode ser servida fria como recheio de sanduíches.

Esse mesmo processo de cozimento pode ser feito com o lagarto, uma peça de carne bovina, que fica bem interessante! Se depois de fria forem acrescentados pimentões e cebolas em rodelas e um pouco de aceto balsâmico, você terá um prato chamado de carne louca, que é muito utilizado em sanduíches.

O lombo feito dessa maneira e guarnecido com damascos, cerejas e nozes é um prato festivo, muito utilizado nas comemorações natalinas.

Quiabo refogado

300 g de quiabo

10 mℓ de vinagre

5 mℓ de azeite de oliva

½ cebola pequena picada

1 pimentão vermelho pequeno picado (opcional)

2 dentes de alho picados

Sal e pimenta-do-reino a gosto

1. Lave e corte o quiabo em rodelas de aproximadamente 1 cm de largura.
2. Deixe as rodelas de quiabo de molho em água com o vinagre por 10 minutos.
3. Aqueça uma panela, coloque o azeite e refogue o alho até começar a dourar. Junte a cebola e o pimentão e refogue um pouco mais até amaciar.
4. Escorra o quiabo, tirando todo o excesso de água, e coloque no refogado.
5. Acrescente sal e pimenta-do-reino a gosto.
6. O quiabo vai soltar água, portanto deixe cozinhar até secar e coloque mais água se achar necessário. Cozinhe até que ele fique macio e sirva.

Mousse de caqui

6 caquis maduros

200 mℓ de leite

395 g de leite condensado

300 g de creme de leite sem soro

12 g de gelatina em pó sem sabor

1 caqui e folhas de hortelã para decorar

1. Lave os caquis e tire as sementes.
2. Bata-os no liquidificador, com casca, e passe pela peneira.
3. Bata novamente o caqui coado com o creme de leite, o leite condensado e a gelatina, que deve ser previamente hidratada conforme as orientações do fabricante.
4. Distribua a mousse em taças e leve para a geladeira para que fique firme.
5. Sirva decorado com fatias de caqui e folhas de hortelã.

Quiche de alho-poró com queijo minas

Massa

125 g de manteiga sem sal gelada cortada em pedaços

250 g de farinha de trigo

Sal a gosto

1 ovo

Feijões para peso

Recheio

10 mℓ de azeite de oliva

2 talos de alho-poró

200 g de queijo minas

4 ovos

400 mℓ de creme de leite fresco

Sal e pimenta-do-reino a gosto

DICAS

Você deve guardar os feijões que usou para fazer peso na massa para outras vezes que for fazer tortas ou quiches de massa seca, basta deixar que esfriem e guardar em um saquinho ou pote plástico.

A quiche é uma produção bem versátil que aceita vários recheios. Sempre que tiver legumes ou mesmo sobras de carnes você pode usar como base para esse recheio, depois basta colocar a mistura de creme de leite e ovos e terá uma quiche. Use sempre 1 ovo para 100 mℓ de creme de leite fresco.

Massa

1. Coloque a farinha, o sal e a manteiga em um recipiente.
2. Com a ponta dos dedos misture esses ingredientes até obter uma farofa.
3. Adicione o ovo e misture até obter uma massa homogênea, sem trabalhar demais a massa.
4. Faça uma bola, envolva em filme plástico e leve à geladeira por 30 minutos.
5. Abra a massa e cubra a forma de quiche.
6. Forre com papel manteiga e preencha com feijões secos.
7. Asse a massa sem recheio em forno preaquecido a 180 °C por aproximadamente 15 minutos.

Recheio

1. Aqueça uma frigideira e coloque o azeite.
2. Acrescente o alho-poró lavado e cortado em meias-luas.
3. Tempere com sal e refogue até que ele fique macio; reserve para esfriar.
4. Corte o queijo em cubos pequenos.
5. À parte bata os ovos, acrescente o creme de leite e tempere com sal e pimenta-do-reino.
6. Coloque sobre a massa o alho-poró já frio, distribuindo-o por toda a extensão da massa. Acrescente o queijo e, por cima, a mistura de ovos e creme de leite.
7. Leve para assar em forno à temperatura de 180 °C, até que o recheio esteja firme.

Pera ao vinho

4 peras pequenas
1 limão espremido
300 mℓ de vinho tinto
200 g de açúcar
100 mℓ de água
2 pedaços de canela em pau
4 cravos-da-índia

1. Descasque as peras, conservando os cabinhos. Regue com o suco de limão.
2. Em uma panela, coloque as peras, o vinho, 100 g de açúcar, a água, a canela e os cravos.
3. Quando ferver, coloque em fogo médio e cozinhe por 20 minutos. Deixe esfriar.
4. Retire as peras e especiarias do vinho. Reserve as peras e dispense as especiarias.
5. Leve novamente o vinho ao fogo brando.
6. Deixe ferver até dar ponto de calda fina. Deixe esfriar e sirva sobre as peras.

DICAS

Lembre-se de que a calda sempre engrossa quando esfria; então deixe o vinho ficar levemente espesso e desligue, para que ele tenha um ponto muito grosso ou puxa-puxa após esfriar.

Essa produção também pode ser feita com maçãs, substituindo as peras. Escolha a melhor fruta para a sobremesa pela qualidade e preço no supermercado.

CARDÁPIO
Café da manhã
Pão de cereais
Cuca de pêssego e ameixa (elaborada no sábado)
Suco de beterraba, limão e maçã
Almoço
Risoto de abóbora madura
Costela bovina assada
Salada de almeirão com folhas de cenoura
Suco de melão, agrião e hortelã
Sobremesa: pudim de pão
Jantar/Lanche
Esfihas de escarola
Suco de maracujá com mamão
domingo

Pão de cereais

300 mℓ de água levemente morna

30 g de fermento biológico fresco

150 mℓ de leite

50 g de manteiga sem sal

40 g de açúcar

25 g de mel

8 g de sal

1 ovo

150 g de farinha de trigo integral

350 g de farinha de trigo (tradicional)

150 g de cereais e frutos secos variados (gérmen de trigo, linhaça, flocos de aveia, gergelim, linhaça, castanhas trituradas)

1. Misture parte da farinha de trigo branca com o açúcar, o fermento biológico, a água, e deixe crescer por aproximadamente 20 minutos.
2. Acrescente o ovo, o leite, a manteiga, o sal, o mel e misture bem.
3. Junte o restante das farinhas e os cereais ou frutos secos e misture bem; sove para desenvolver as cadeias de glúten.
4. Deixe crescer por aproximadamente 1 hora.
5. Molde a massa crescida no formato desejado e deixe crescer novamente por mais 30 minutos.
6. Leve ao forno à temperatura de 180 °C para assar até que fique dourado.

DICA

Essa receita rende um pão grande ou dois médios. Para que ele dure por mais tempo, após esfriar guarde em um saco plástico na geladeira. Assim ele vai durar por uma semana.

Risoto de abóbora madura

Caldo de legumes

½ cebola grande

½ cenoura grande

Salsinha e talos de salsinha a gosto

2 ℓ de água

Risoto

20 mℓ de azeite de oliva

½ cebola grande

500 g de arroz arbóreo

120 mℓ de vinho branco

300 g de abóbora-de-pescoço madura cortada em cubos médios

Caldo de vegetais para cozinhar o arroz e a abóbora

Sal e pimenta-do-reino a gosto

40 g de manteiga sem sal

150 g de queijo parmesão

1. Pique e coloque os ingredientes do caldo de legumes em uma panela e deixe cozinhar enquanto faz a separação, a limpeza e o corte dos ingredientes para o risoto.
2. Deixe o caldo cozinhar por aproximadamente 1 hora em fogo brando. Coe e reserve o líquido para uso no risoto.
3. Em uma outra panela, coloque o azeite para aquecer e refogue a cebola em cubos.
4. Coloque o arroz e mexa até que fique translucido.
5. Junte o vinho e deixe evaporar.
6. Coloque a abóbora, o sal e vá acrescentando caldo aos poucos, até que o arroz esteja quase cozido.
7. Nesse momento acrescente mais 240 mℓ de caldo e a manteiga e mexa bem, para dar cremosidade.
8. Acrescente o queijo e continue mexendo, corrija o sal e sirva quente com a costela assada (ver p. 154).

Costela bovina assada

1,5 kg de costela bovina com pouca gordura

2 cebolas grandes

2 cabeças de alho

Sal grosso a gosto

1. Coloque as costelas dentro da panela de pressão com os ossos para baixo.
2. Polvilhe sal grosso na carne, com parcimônia para que não fique muito salgada.
3. Corte as cebolas em rodelas grossas e coloque por cima da carne.
4. Em cima das cebolas coloque as cabeças de alho inteiras, com casca e tudo.
5. Leve a panela de pressão ao fogo baixo e conte 30 minutos após a panela começar a soltar a pressão.
6. Desligue a panela e deixe a pressão sair toda para que você possa abrir a panela.
7. Retire primeiramente as cabeças de alho e coloque em uma forma; depois retire os pedaços grandes da carne e coloque na mesma assadeira.
8. Derrame sobre a carne na assadeira as cebolas já derretidas e leve tudo ao forno por aproximadamente 30 minutos, até que fique dourada.
9. Sirva em seguida.

Salada de almeirão com folhas de cenoura

1 maço de almeirão

1 maço de folhas de cenoura

2 dentes de alho cortados em cubos

100 g de bacon cortado em cubos pequenos

Suco de 1 limão

Sal a gosto

1. Lave as folhas e higienize.
2. Retire o excesso de água das folhas.
3. Em uma frigideira, leve o bacon ao fogo baixo para que doure, solte a gordura e fique crocante.
4. Quando o bacon já estiver pronto, coloque o alho e deixe dourar.
5. Despeje a gordura quente com o alho e os cubinhos crocantes de bacon sobre as folhas.
6. Termine de temperar com sal e suco de limão.
7. Sirva em seguida.

DICA

Nessa salada as folhas podem ser substituídas por outras de cor escura, que são mais resistentes e normalmente têm sabor mais marcante.

Pudim de pão

Pudim

3 unidades de pão francês amanhecido picado

120 g de açúcar cristal

3 ovos

500 mℓ de leite

Calda

200 g de açúcar

100 mℓ de água

Calda

1. Em uma panela, junte 200 g de açúcar e a água e leve ao fogo, para fazer um caramelo.
2. Deixe cozinhar até que fique dourado e em ponto de fio.

Pudim

1. Junte os quatro primeiros ingredientes no liquidificador e bata bem.
2. Unte uma forma de buraco no meio com o caramelo e coloque a massa do pudim.
3. Leve para cozinhar em banho-maria, no forno, ou em uma panela apropriada para cocção de pudim na chama do fogão.
4. Deixe cozinhar por aproximadamente 40 minutos e teste com um palito. Se estiver firme, espere esfriar antes de levá-lo à geladeira.
5. Deixe descansar na geladeira até que esteja completamente frio.
6. Desenforme e sirva.

DICA

Para soltar com facilidade da forma, depois que o pudim tiver sido levado para a geladeira, passe a forma pela chama do fogão para que o caramelo derreta e solte o pudim.

Esfihas de escarola

Massa

30 g de fermento biológico fresco

50 g de açúcar

15 de sal

400 mℓ de água morna

60 mℓ de óleo de milho

700 g de farinha de trigo

Recheio

1 maço de escarola grande

1 cebola grande bem picada

2 tomates picados em cubos pequenos sem sementes

10 mℓ de azeite de oliva

Sal a gosto

Suco de 2 limões

Pimenta síria a gosto

DICA

Se optar pelo recheio de carne, você deve proceder da mesma maneira, substituindo a escarola por 500 g de carne moída magra.

Massa

1. Coloque a água morna e o óleo em um recipiente.
2. Junte o fermento biológico, o açúcar e o sal.
3. Mexa com uma mão e, com a outra, vá acrescentando farinha de trigo até obter uma massa homogênea e macia.
4. Sove vigorosamente essa massa.
5. Deixe crescer por 30 minutos e em seguida divida em 20 porções.
6. Boleie cada uma dessas porções.
7. Quando terminar de bolear a última, já pode rechear a primeira.
8. Pegue uma porção da massa e abra um círculo, com a ajuda de um rolo de massas.
9. Coloque uma porção do recheio.
10. Nesse momento você escolhe se vai fazer esfihas abertas ou fechadas. Se abertas, é só colocar em assadeira untada com óleo e levar para assar. Se fechadas, una as bordas formando um triângulo com a massa.
11. Depois coloque na assadeira e leve para assar por aproximadamente 20 minutos e até que elas estejam douradas e macias.

Recheio

1. Lave e pique a escarola.
2. Escorra bem e misture os demais ingredientes.
3. Deixe descansar por 30 minutos.
4. Escorra o líquido e aperte bem em uma peneira para que fique o mais seco possível.
5. Use para rechear as esfihas.

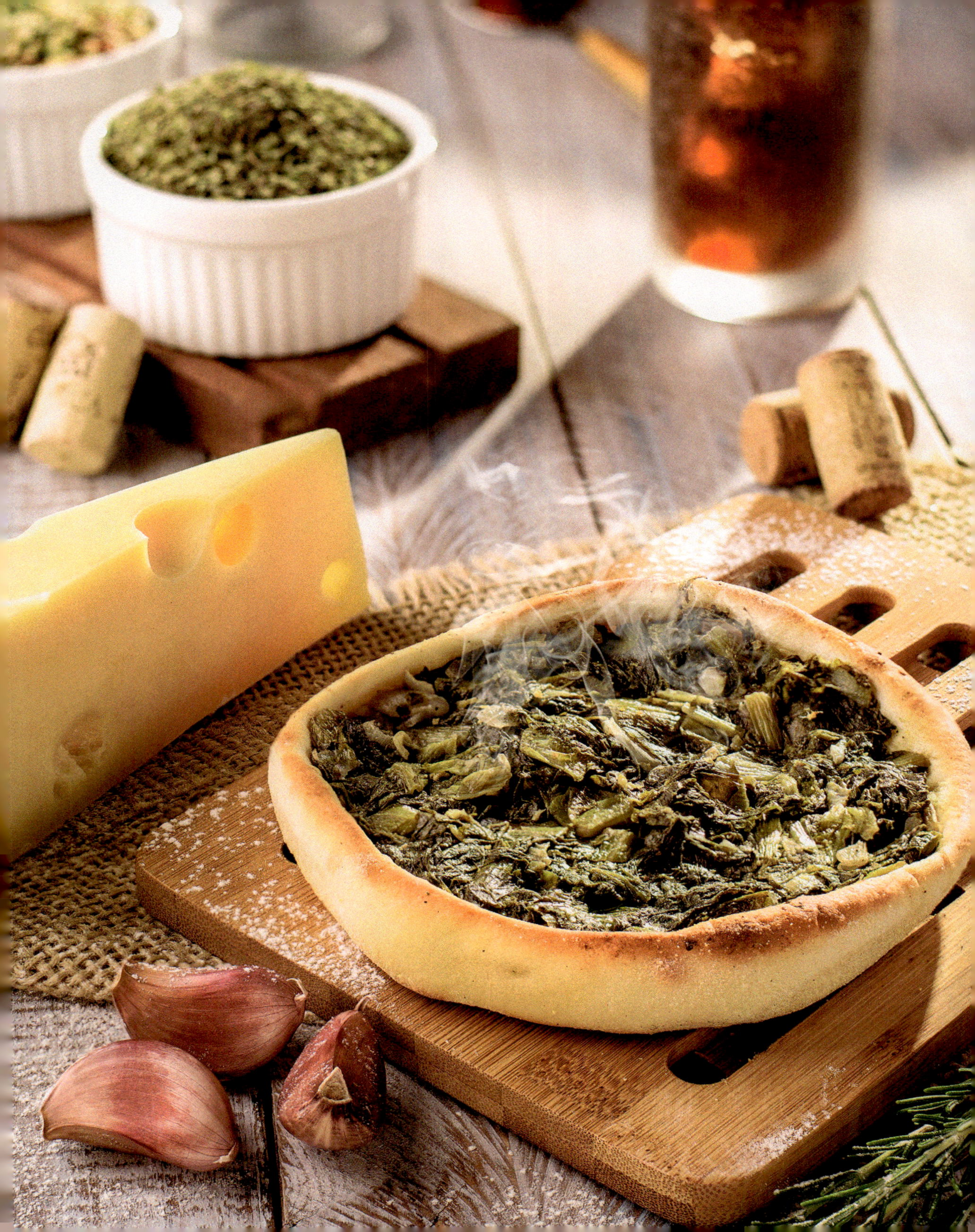

CARDÁPIO
Café da manhã
Pão delícia
Suco de laranja e cenoura
Café com leite
Almoço
Filé de frango grelhado
Arroz integral (ver p. 39)
Salada de feijão
Suco de abacaxi
Sobremesa: pudim de pão (elaborado no domingo)
Jantar/Lanche
Omelete de abobrinha, salsinha e queijo branco
Salada de repolho com tomate
Suco de carambola com hortelã
Sobremesa: laranja-baía
segunda

Pão delícia

500 g de farinha de trigo

60 mℓ de óleo de soja

30 g de açúcar

5 g de sal

1 ovo

15 g de fermento biológico seco

300 mℓ de leite gelado

100 g de manteiga sem sal derretida

50 g de queijo ralado

1. Misture os ingredientes secos (a farinha de trigo, o fermento, o açúcar e o sal).
2. Acrescente o ovo, o óleo e a manteiga e vá colocando o leite aos poucos
3. Coloque em uma batedeira que tenha pá para misturar massas pesadas e misture bem até obter uma massa mole e lisa.
4. Deixe descansar por 15 minutos, depois divida em pequenas porções de 20 gramas.
5. Coloque em uma assadeira untada com óleo, deixando um espaço de 0,5 cm entre os pãezinhos.
6. Deixe dobrar de tamanho e asse em forno à temperatura de 170 °C.
7. Quando estiverem assados e ainda quentes jogue o queijo parmesão sobre os pães.

DICAS

Esse pão pode ser tanto doce quanto salgado. No salgado você polvilha queijo ralado como na receita; no doce, você pincela com leite de coco misturado com leite condensado (50% de cada) e polvilha coco ralado.

Filé de frango grelhado

600 g de filés de peito de frango

2 dentes de alho
bem amassados com sal

Páprica picante a gosto

Suco de limão a gosto

30 mℓ de azeite de oliva

1. Processe o alho com o sal até que fique uma pasta.
2. Misture nessa pasta a páprica picante.
3. Tempere o frango já cortado em filés com a pasta de alho e suco de limão.
4. Deixe marinar por 20 minutos.
5. Aqueça uma frigideira, coloque o azeite e em seguida o filé de frango.
6. Cuide para que o lado mais bonito do filé fique para baixo, pois esse será o lado que ficará para cima no prato.
7. Controle a chama para que o filé fique dourado por fora e cozido por dentro.

Salada de feijão

200 g de feijão-fradinho
4 g de sal
1 tomate picado em cubos
½ maço de coentro picado
½ maço de salsinha picada
½ cebola picada
1 cenoura pequena ralada
Suco de 1 limão
40 mℓ de azeite de oliva

1. Cozinhe o feijão até que esteja macio, porém firme, e deixe amornar.
2. Lave e corte os vegetais, picando finamente a salsinha e o coentro, inclusive os talos.
3. Tempere o feijão com todos os ingredientes preparados e deixe marinar por 20 minutos antes de servir.

Omelete de abobrinha, salsinha e queijo branco

6 ovos

1 abobrinha pequena

½ cebola ralada ou picada em cubos bem pequenos

Sal e pimenta-do-reino a gosto

½ maço de salsinha

150 g de queijo branco picado em cubos pequenos

20 mℓ de azeite de oliva

1. Bata os ovos e tempere com sal e pimenta-do-reino.
2. Misture a abobrinha lavada e ralada inteira, com casca e sementes.
3. Junte a cebola e a salsinha toda, bem picada, incluindo os talos.
4. Por último coloque o queijo branco em cubos pequenos.
5. Aqueça uma frigideira grande e unte com o azeite.
6. Coloque toda a mistura de ovos e abaixe bem o fogo.
7. Tampe e deixe cozinhar lentamente a omelete.
8. Quando estiver soltando a parte de baixo, use uma tampa maior que a frigideira e vire a omelete.
9. Deixe cozinhar até que ela fique firme dos dois lados, mas não ressecada.
10. A cocção total leva em torno de 10 minutos em fogo baixo.

DICA

Essa é outra produção versátil em que você pode colocar ingredientes de sua preferência ou que estejam sobrando na geladeira. Cuidado com o desperdício! Essa omelete é grande e serve quatro pessoas.

[Omelete de abobrinha, salsinha e queijo branco]

Salada de repolho com tomate

3 tomates em cubos

1 repolho pequeno de aproximadamente 250 g

Sal a gosto

Suco de limão a gosto

Azeite de oliva a gosto

1. Lave os tomates e o repolho e higienize.
2. Corte o repolho bem fino e os tomates em cubos médios.
3. Misture o tomate ao repolho picado e tempere com sal, suco de limão e azeite.

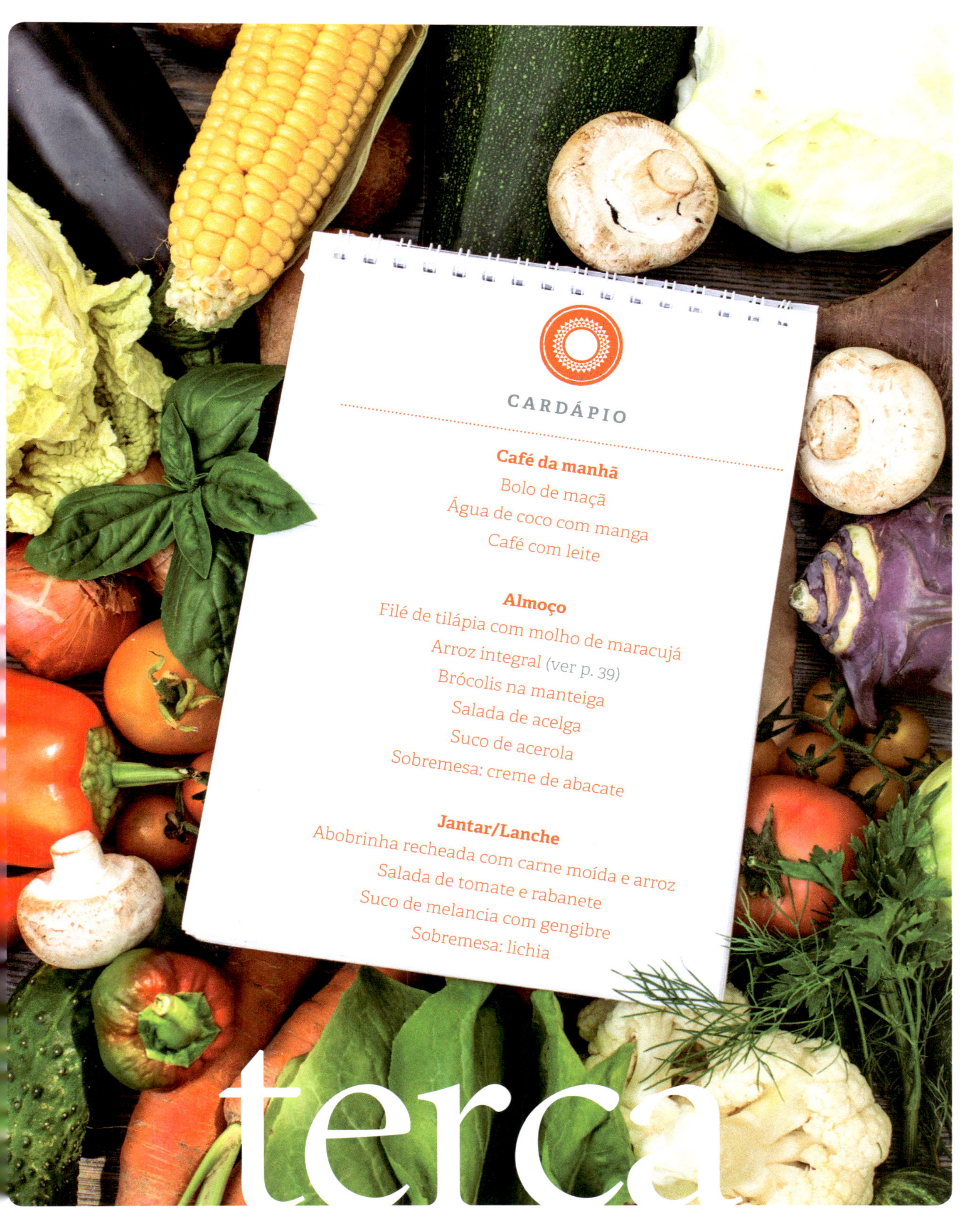

CARDÁPIO
Café da manhã
Bolo de maçã
Água de coco com manga
Café com leite
Almoço
Filé de tilápia com molho de maracujá
Arroz integral (ver p. 39)
Brócolis na manteiga
Salada de acelga
Suco de acerola
Sobremesa: creme de abacate
Jantar/Lanche
Abobrinha recheada com carne moída e arroz
Salada de tomate e rabanete
Suco de melancia com gengibre
Sobremesa: lichia
terça

Bolo de maçã

3 ovos
70 mℓ de óleo de milho
180 g de açúcar mascavo
200 mℓ de leite
60 g de farinha de trigo
115 g de farinha de trigo integral
60 g de aveia
120 g de uva-passa sem sementes
5 g de canela em pó
10 g de fermento químico em pó
2 maçãs médias em cubos

1. Bata os seis primeiros ingredientes no liquidificador.
2. Coloque a mistura em um recipiente e, com o auxílio de um batedor de arame, incorpore os demais ingredientes à massa.
3. Leve para assar, em forma untada e enfarinhada, em forno à temperatura de 180 °C, por aproximadamente 35 minutos.

DICA

Aproveite as frutas da estação para fazer bolos e sobremesas. Nessa receita você pode substituir a maçã por 2 bananas nanicas médias, por exemplo. Experimente também outras frutas, como pera ou pêssego, que darão sabor e umidade especial à massa.

Filé de tilápia com molho de maracujá

800 g de filés de tilápia

Suco de 1 limão

1 dente de alho bem amassado

120 mℓ de água

100 g de farinha de trigo

Azeite de oliva

Sal a gosto

½ cebola pequena cortada em cubos pequenos

2 maracujás

100 mℓ de creme de leite

1. Tempere os filés de peixe com o suco de limão e o alho previamente amassado com o sal até formar uma pasta.
2. Deixe marinar por aproximadamente 20 minutos para que o peixe absorva o sabor dos temperos.
3. Abra os maracujás e reserve metade da polpa de um deles. Bata no liquidificador o restante das polpas com 120 mℓ de água e coe.
4. Após marinar, escorra o líquido do peixe e passe os filés na farinha de trigo.
5. Aqueça uma frigideira e coloque um fio de azeite e salteie os peixes. Doure primeiro de um lado e depois vire para dourar o outro lado.
6. Quando estiverem dourados retire o peixe da frigideira e coloque em um outro recipiente em cima do fogão para que se mantenha aquecido.
7. Escorra o excesso de gordura da frigideira e coloque nela a cebola em cubos.
8. Deixe ficar levemente dourada.
9. Acrescente o suco de maracujá coado e deixe cozinhar e reduzir por alguns minutos.
10. Coe o molho em outra frigideira e acrescente nele a polpa de maracujá reservada com as sementinhas e o creme de leite.
11. Tempere com sal e deixe o molho ficar no ponto.
12. Sirva os filés com o molho por cima.

DICAS

Essa maneira de preparar o peixe serve para qualquer tipo de filé. Escolha sempre um peixe com bom preço e boa qualidade.

Molhos de frutas fazem muito sucesso com peixes, principalmente nos dias de verão, por serem aromáticos e terem uma acidez refrescante. Abuse das frutas em seus pratos salgados; sua cozinha ficará exótica e com certeza vai agradar muitos paladares.

Brócolis na manteiga

1 maço de brócolis
Sal a gosto
40 g de manteiga sem sal
1 dente de alho picado

1. Separe os floretes de brócolis.
2. Corte os talos e limpe-os, tirando a pele mais fibrosa do vegetal.
3. Leve ao fogo uma panela com água para ferver. Adicione sal. A panela deve ser suficientemente grande para conter a água e os brócolis.
4. Quando a água estiver fervendo jogue os brócolis todos de uma vez.
5. Deixe cozinhar por aproximadamente 7 minutos.
6. À parte deixe um recipiente com água gelada.
7. Depois que os brócolis estiverem bem verdes, crocantes e cozidos, escorra a água quente e jogue-os na água gelada.
8. Assim que estiverem frios, escorra todo o excesso de água.
9. Na hora de servir, aqueça uma frigideira e coloque a manteiga e o alho picado, deixe o alho começar a dourar e coloque os brócolis.
10. Salteie e corrija o sal.
11. Sirva em seguida.

DICA

Esse processo de cocção empregado nos brócolis, cozinhando em água quente e depois parando a cocção com água fria, chama-se branqueamento. Isso garante o avivamento das cores do vegetal e que ele fique com a textura firme e crocante. Você pode empregar esse processo com couve-flor, cenoura, vagem, pimentão ou qualquer vegetal que queira manter a textura e reforçar a cor.

Salada de acelga

1 acelga pequena
Sal e pimenta-do-reino a gosto
Azeite de oliva
Suco de limão ou vinagre

1. Lave bem as folhas de acelga e corte-as em tiras finas.
2. Tempere com sal, pimenta-do-reino, suco de limão e azeite.
3. Sirva fresca.

Creme de abacate

1 abacate grande e bem maduro
395 g de leite condensado
300 g de creme de leite

1. Bata todos os ingredientes no liquidificador e leve para gelar.
2. Sirva bem gelado.

DICA

Se você não gosta de sobremesa muito doce, pode diminuir a quantidade de leite condensado. Bata o abacate com metade do leite condensado e prove, se achar necessário acrescentar mais, vá colocando e batendo e acerte o ponto de dulçor que você e sua família gostam.

Abobrinha recheada com carne moída e arroz

2 abobrinhas verdes tipo italianas grandes

120 g de arroz agulhinha

40 g de manteiga sem sal

300 g de carne moída

20 mℓ de óleo

½ cebola cortada em cubos

2 dentes de alho picados

Sal e pimenta-do-reino a gosto

Cebolinha e salsinha a gosto

1. Aqueça bem uma panela.
2. Coloque o óleo e a carne moída, mexa sempre para que fique bem soltinha.
3. Abra um espaço e coloque o alho e deixe refogar bem.
4. Tempere com sal e pimenta-do-reino.
5. Acrescente o cheiro-verde cortado bem fininho.
6. Cozinhe o arroz como de costume ou utilize sobras de arroz cozido de outra refeição.
7. Misture o arroz cozido e a manteiga e reserve com o recheio de carne.
8. Lave as abobrinhas e corte-as ao meio, no sentido do comprimento.
9. Com uma colher tire o miolo.
10. Tempere as abobrinhas com sal, pimenta e azeite.
11. Coloque o recheio, compactando bem.
12. Antes de servir, leve-as ao forno e deixe aquecer, até dourar a cobertura.

DICAS

Você pode gratinar a abobrinha colocando queijo parmesão na cobertura. Isso atrai os que não apreciam muito abobrinha ao forno.

Prepare um molho de tomate bem fresco e gostoso para servir com as abobrinhas. Essa é uma boa combinação.

Salada de tomate e rabanete

3 tomates
8 rabanetes
Sal a gosto
Azeite de oliva
Suco de limão ou vinagre
Salsinha a gosto

1. Lave bem os tomates e os rabanetes e corte-os em rodelas finas.
2. Tempere com sal, suco de limão e azeite.
3. Sirva a salada fresca, salpicada com salsinha finamente picada.

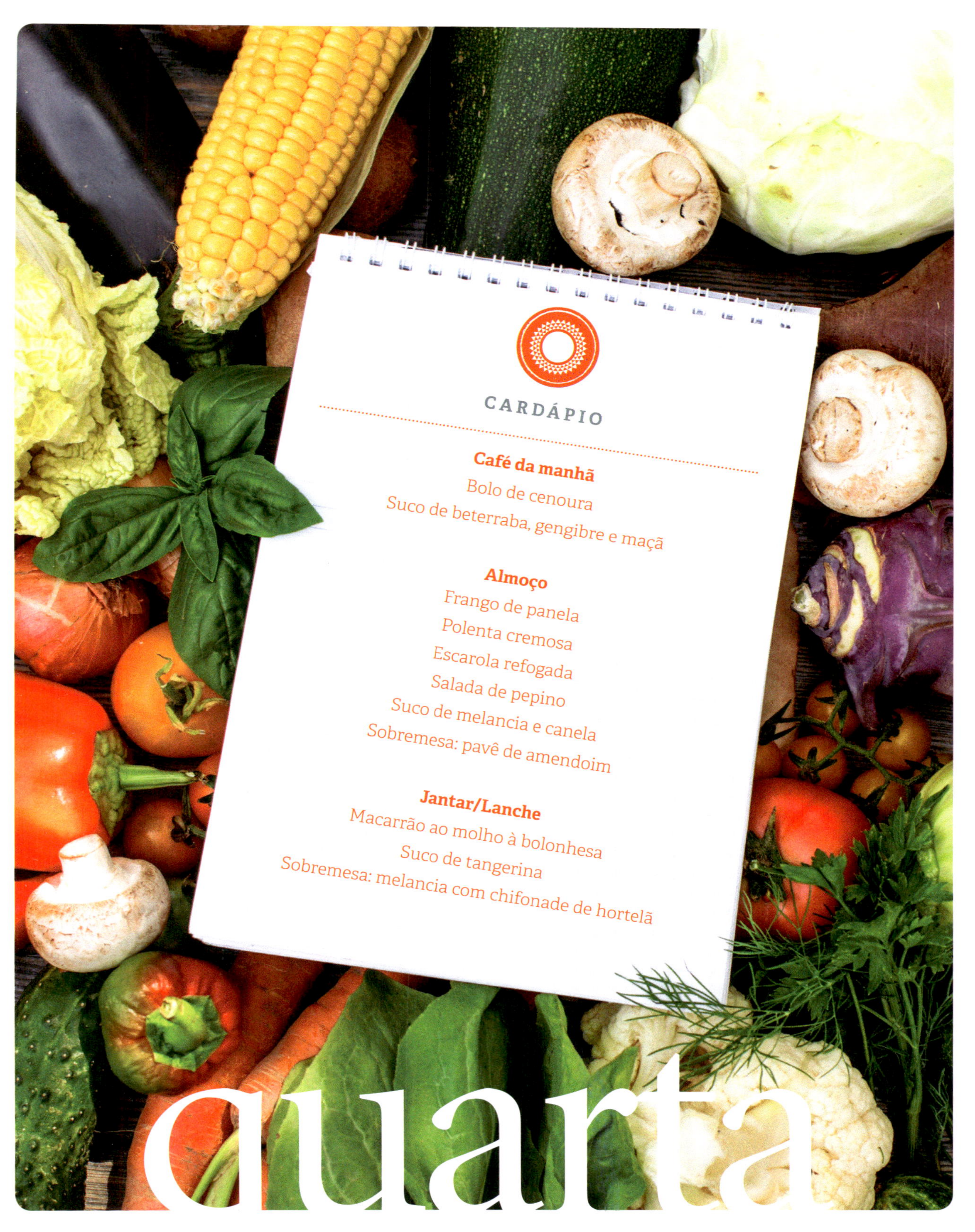
CARDÁPIO
Café da manhã
Bolo de cenoura
Suco de beterraba, gengibre e maçã
Almoço
Frango de panela
Polenta cremosa
Escarola refogada
Salada de pepino
Suco de melancia e canela
Sobremesa: pavê de amendoim
Jantar/Lanche
Macarrão ao molho à bolonhesa
Suco de tangerina
Sobremesa: melancia com chifonade de hortelã
quarta

Bolo de cenoura

1 cenoura média
2 ovos
135 g de açúcar
70 mℓ de óleo
170 g de farinha de trigo
10 g de fermento químico

1. Bata os ovos, o óleo, a cenoura e o açúcar no liquidificador.
2. Leve para uma bacia e, com um fouet, incorpore a farinha e o fermento.
3. Transfira a massa para uma assadeira untada e enfarinhada.
4. Leve para assar em forno à temperatura de 180 °C por, aproximadamente, 30 minutos.
5. Espere esfriar para desenformar.

DICA

Higienize e armazene as folhas para usar na produção de um delicioso pão.

Suco de beterraba, gengibre e maçã

1 beterraba pequena

1 maçã

1 pedaço pequeno de gengibre (5 cm aproximadamente)

1 ½ ℓ de água gelada

1. Bata todos os ingredientes no liquidificador.
2. Coe e sirva gelado.
3. Se achar necessário, acrescente açúcar.

Frango de panela

1 frango pequeno
20 g de óleo
1 cebola grande picada
2 dentes de alho picados
Sal e pimenta-do-reino a gosto
Cebolinha e salsinha a gosto
Molho de pimenta a gosto

1. Lave o frango, seque e corte-o nas juntas.
2. Escorra ou seque os pedaços com papel toalha.
3. Aqueça uma panela (modelo mais baixo e com diâmetro grande), coloque o óleo e os pedaços de frango.
4. Deixe o frango dourar bem.
5. Abra um espaço e coloque o alho e a cebola e deixe-os dourar.
6. Acrescente o sal e a pimenta-do-reino, misture.
7. Coloque água até 2/3 do volume dos pedaços de frango.
8. Coloque o molho de pimenta e mexa de vez em quando.
9. Deixe cozinhar em fogo médio até que a carne esteja macia.
10. Prove e corrija o sal e a pimenta se necessário.
11. Coloque a cebolinha e a salsinha picadas e desligue o fogo.

DICA

Caso sobrem pedaços de frango, você pode retirar as peles, os ossos e desfiar a carne. Use a carne e o caldo que ainda restou na panela para fazer uma deliciosa torta ou recheios para sanduíches rápidos.

[Frango de panela]

Polenta cremosa

600 mℓ de água

600 mℓ de leite

180 g de fubá

Sal a gosto

20 g de manteiga sem sal

1. Coloque a água, o leite, o sal e a manteiga em uma panela grande e leve para aquecer.
2. Antes que esteja muito quente coloque o fubá, aos poucos, e mexa sem parar até que a polenta engrosse.
3. Assim que engrossar, feche a panela e abaixe o fogo. Mexa de 5 em 5 minutos.
4. Deixe cozinhar por aproximadamente 30 minutos, até que esteja saborosa e sem gosto residual de fubá cru.
5. Nesse momento, a polenta vai estar soltando do fundo da panela.
6. Sirva em seguida.

Escarola refogada

1 maço de escarola lavada e escorrida

2 dentes de alho picados

40 mℓ de azeite de oliva

Sal e pimenta-do-reino a gosto

1. Lave e retire o excesso de água de todas as folhas da escarola e corte em tiras.
2. Aqueça o azeite e doure levemente o alho.
3. Acrescente a escarola; tempere com sal, pimenta-do-reino e mexa bem.
4. Desligue o fogo assim que as tiras de escarola tiverem murchado.

Salada de pepino

2 pepinos

Sal e pimenta-do-reino a gosto

Suco de 1 limão pequeno

20 mℓ de azeite de oliva

1. Descasque e corte o pepino da maneira que preferir.
2. Tempere com sal e pimenta, suco de limão e azeite.

Pavê de amendoim

200 g de manteiga sem sal

250 g de açúcar

4 gemas de ovo

600 g de creme de leite sem soro

500 g de amendoim torrado e moído

Essência de baunilha a gosto

400 g de biscoito maisena

Leite a gosto

1. Misture o creme de leite, sem soro, com as gemas e leve ao fogo em banho-maria, até encorpar. Mexa bem para que não se formem grumos. Deixe esfriar.
2. Na batedeira, coloque a manteiga e o açúcar e bata até obter um creme esbranquiçado. Adicione a mistura de creme de leite e gemas e, depois, a essência de baunilha. Deixe bater até obter um creme leve e volumoso.

Montagem

1. Molhe rapidamente os biscoitos de maisena no leite.
2. Em um refratário, disponha em camadas alternadas o creme, as bolachas e o amendoim torrado e moído. A última camada deve ser de amendoim.
3. Leve à geladeira e sirva frio.

Macarrão ao molho à bolonhesa

Molho

20 mℓ de óleo

1 cebola pequena

2 dentes de alho

300 g de carne moída

Sal e pimenta-do-reino a gosto

1 kg de tomates bem maduros

Massa

500 g de massa seca
(espaguete ou talharim)

Sal a gosto

Queijo parmesão a gosto

Molho

1. Aqueça uma panela, coloque o óleo, depois o alho e a cebola picados em cubos pequenos.
2. Junte a carne e mexa sem parar, até que ela esteja bem soltinha.
3. Tempere com sal e pimenta-do-reino a gosto.
4. Lave bem os tomates, corte grosseiramente e bata no liquidificador (polpa, pele e sementes).
5. Acrescente o tomate batido à carne e deixe cozinhar por aproximadamente 40 minutos, até os tomates perderem o excesso de água e o molho se tornar cremoso.

Massa

1. Cozinhe a massa em aproximadamente 3 ℓ de água com sal.
2. Quando estiver cozida, escorra, despeje o molho e sirva em seguida, com queijo parmesão, caso queira.

DICAS

O molho à bolonhesa pode ser servido com polenta, cobrindo panquecas ou como recheio de lasanha.

Você pode usar o mesmo processo de produção desse molho para fazer um molho de linguiça, de frango ou mesmo de berinjela. Varie seu cardápio usando ingredientes saudáveis e sazonais.

Melancia com chifonade de hortelã

¼ de uma melancia
Folhas de hortelã

1. Corte a melancia em fatias, decore e aromatize com folhas de hortelã cortadas em tirinhas.

DICA

Lave e armazene as cascas de melancia. Elas vão se tornar um delicioso doce.

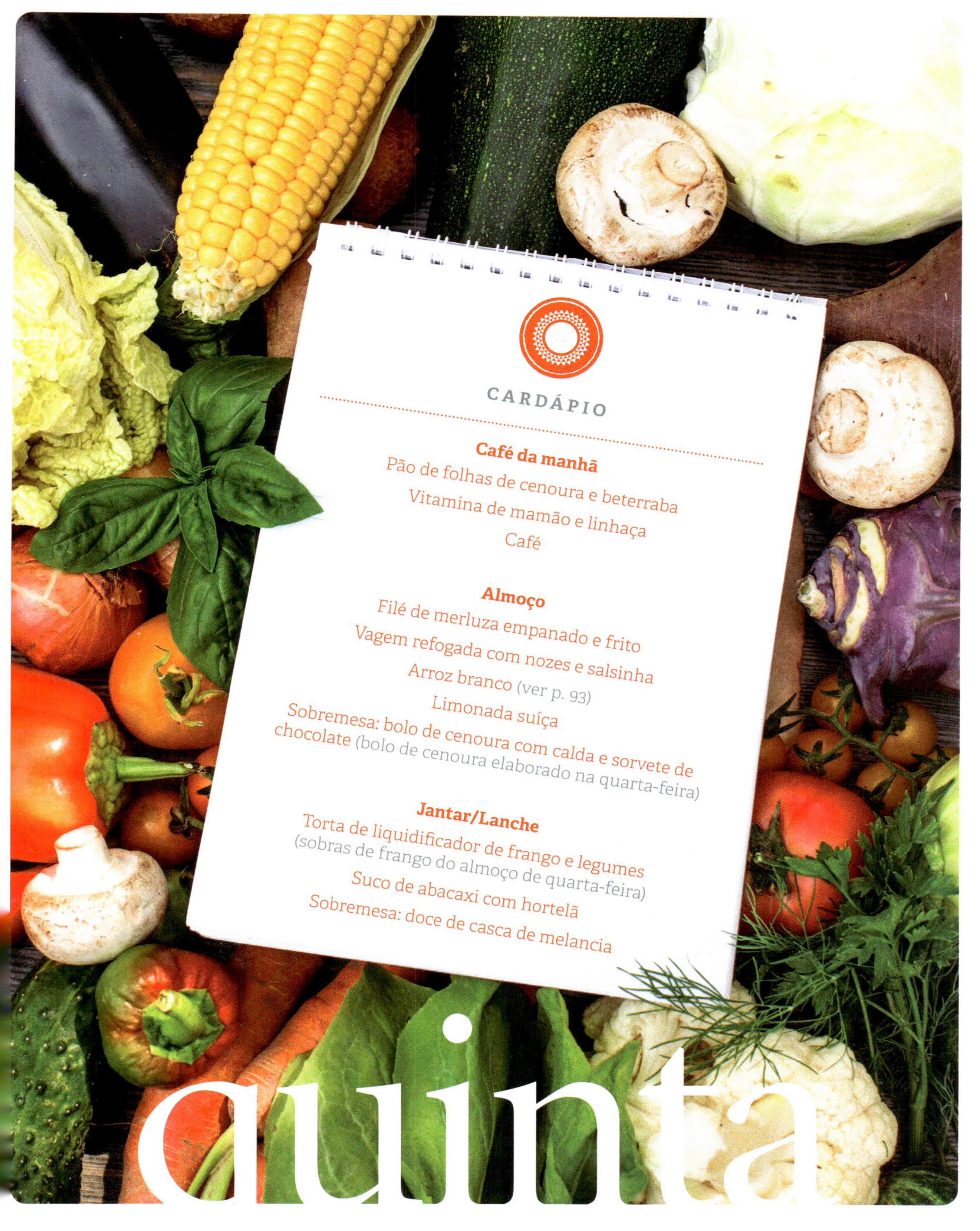
CARDÁPIO
Café da manhã
Pão de folhas de cenoura e beterraba
Vitamina de mamão e linhaça
Café
Almoço
Filé de merluza empanado e frito
Vagem refogada com nozes e salsinha
Arroz branco (ver p. 93)
Limonada suíça
Sobremesa: bolo de cenoura com calda e sorvete de chocolate (bolo de cenoura elaborado na quarta-feira)
Jantar/Lanche
Torta de liquidificador de frango e legumes (sobras de frango do almoço de quarta-feira)
Suco de abacaxi com hortelã
Sobremesa: doce de casca de melancia
quinta

Pão de folhas de cenoura e beterraba

400 g de farinha de trigo

10 g de açúcar

5 g de sal

200 g de folhas e talos picados de beterraba e cenoura

300 mℓ de água

15 mℓ de óleo de soja

1 ovo

15 g de fermento biológico seco

1. Bata no liquidificador as folhas e os talos, o açúcar, o sal, o óleo, o ovo e o fermento biológico.
2. Coloque a farinha de trigo em um recipiente e acrescente aos poucos a mistura do liquidificador, até obter uma massa homogênea.
3. Amasse e sove até que a massa desgrude das mãos e fique bem lisa.
4. Se for necessário acrescente um pouco mais de farinha de trigo.
5. Deixe crescer por 40 minutos, coberto com filme plástico, e depois modele o pão.
6. Deixe crescer por mais 30 minutos e asse a 180 °C, por aproximadamente 35 minutos ou até que esteja dourado.

DICA

Você pode fazer esse pão com os próprios legumes (beterraba e cenoura) ou com folhas de outros legumes e dar um sabor totalmente diferente aos seus lanchinhos.

Vitamina de mamão e linhaça

1 mamão
500 mℓ de leite
10 g de sementes de linhaça
Açúcar a gosto

1. Bata todos os ingredientes no liquidificador e sirva gelado.

DICA

Você pode usar linhaça em diversos tipos de vitamina. A semente é rica em fibras, gorduras insaturadas, proteínas, vitaminas, minerais e ômega 3. Seus efeitos anti-inflamatórios e antioxidantes retardam o envelhecimento, auxiliam no emagrecimento e ajudam a evitar o efeito sanfona.

Filé de merluza empanado e frito

6 filés de merluza de aproximadamente 100 g cada

Suco de 1 limão

2 dentes de alho amassados

Sal e pimenta-do-reino a gosto

100 g de farinha de trigo

2 ovos

150 g de farinha de rosca

Óleo para fritar

1. Tempere os filés com sal, pimenta-do-reino, alho e suco de limão.
2. Deixe descansar por 30 minutos.
3. Coloque o óleo para aquecer, enquanto isso empane os filés.
4. Passe-os primeiro pela farinha de trigo, depois pelo ovo batido e por último na farinha de rosca.
5. Frite até que o peixe fique crocante e dourado.

DICA

Esse tipo de fritura pode ser feito com qualquer filé de peixe. Faça sempre compras inteligentes, atentando-se à rentabilidade e ao preço.

Vagem refogada com nozes e salsinha

400 g de vagem francesa

60 mℓ de azeite de oliva

½ cebola picada

1 dente de alho picado

50 g de nozes grosseiramente picadas

80 mℓ de água

2 ramos de salsinha picados

1. Lave as vagens e tire as pontinhas.
2. Refogue o alho e a cebola no azeite.
3. Acrescente as vagens e refogue até que fiquem bem verdes.
4. Acrescente a água e deixe cozinhar um pouco.
5. Quando a água secar acrescente as nozes picadas e a salsinha.
6. Desligue e sirva quente.

DICA

A cocção da vagem deve ser rápida para que ela mantenha a coloração. É interessante que esteja crocante e bem verde.

Torta de liquidificador de frango e legumes

Massa

300 mℓ de leite

60 g de farinha de trigo

115 g de farinha de trigo integral

70 mℓ de óleo

3 ovos

10 g de fermento químico em pó

50 g de queijo ralado

Sal a gosto

Recheio

Frango desfiado (sobras de frango do almoço de quarta-feira)

1 pimentão amarelo

3 tomates

1 lata de ervilha em conserva

Sal a gosto

1. Bata todos os ingredientes da massa no liquidificador.
2. Corte os tomates em cubos e o pimentão sem as sementes. Adicione ao frango desfiado, com as ervilhas escorridas e lavadas e o sal.
3. Unte uma forma, coloque a metade da massa e metade do recheio sobre ela.
4. Coloque a outra metade da massa e, como cobertura, o restante do recheio.
5. Leve para assar em forno à temperatura de 180 °C por, aproximadamente, 25 minutos.
6. Sirva quente.

Doce de casca de melancia

300 g de casca de melancia

300 g de açúcar

150 mℓ de água

6 cravos-da-índia

1 unidade de canela em pau

1. Retire a casca verde da melancia e corte a parte branca em cubos.
2. Faça uma calda com o açúcar, a canela em pau, o cravo-da-índia e a água.
3. Acrescente a casca da melancia e deixe cozinhar até apurar e os cubos ficarem macios.
4. Sirva gelado.

DICA

Esse doce também pode ser feito com a parte branca da casca do melão.

CARDÁPIO
Café da manhã
Brusquetas de pão de folhas com tomates e queijo
Rosca de coco e leite condensado
Suco de manga com gengibre
Café com leite
Almoço
Maminha de panela
Salada de endívias com nozes
Suco de framboesa e goiaba
Sobremesa: croûtons de bolo de maçã com caramelo de canela e sorvete de creme
(bolo de maçã elaborado na terça-feira)
Jantar/Lanche
Ceviche de tilápia
Suco de carambola com hortelã
Sobremesa: pavê de amendoim
(elaborado na quarta-feira)
sexta

Brusquetas de pão de folhas com tomates e queijo

4 fatias de pão de folhas (elaborado na quinta-feira)

3 tomates maduros, sem sementes, picados em cubos médios

80 mℓ de azeite de oliva

2 dentes de alho

10 g de orégano

Sal a gosto

100 g de queijo parmesão ralado

1. Corte 1 dente de alho e passe nas fatias de pão. Leve ao forno para torrar levemente (não deve ficar muito crocante).
2. Tempere os tomates com 1 dente de alho picado finamente, o azeite, o orégano e sal. Misture bem.
3. Coloque uma porção da mistura em cada fatia de pão e cubra com 15 g de queijo parmesão, aproximadamente.
4. Leve ao forno à temperatura de 200 °C, até que o queijo derreta.
5. Retire do forno e sirva quente.

café

Rosca de coco e leite condensado

300 mℓ de leite
200 mℓ de água morna
30 g de fermento biológico fresco
70 g de óleo de soja
200 g de leite condensado
2 ovos
20 g de manteiga sem sal
5 g de sal
1 kg de farinha de trigo

Recheio

60 g de manteiga sem sal
70 g de açúcar
200 g de coco ralado seco
190 g de leite condensado

1. Junte todos os ingredientes da massa e sove bem até que ela solte das mãos. Se precisar um pouco mais de farinha, coloque aos poucos.
2. Cubra a massa com filme plástico e um pano de prato e deixe a massa crescer até dobrar de volume, por aproximadamente 1 hora.
3. Corte a massa em três pedaços e abra tiras compridas com um rolo de massa.
4. Passe nessas tiras uma mistura preparada com a manteiga, o açúcar e metade do coco ralado (ingredientes do recheio).
5. Enrole cada tira como um rocambole.
6. Junte as pontas dos três "rocamboles" e faça uma trança.
7. Deixe crescer por mais uma hora, aproximadamente, dentro da forma que levará para assar.
8. Quando a massa tiver crescida, com o dobro do volume, passe sobre ela o leite condensado e jogue o restante do coco ralado por cima.
9. Asse em forno à temperatura de 170 °C, até que a rosca fique dourada.

DICA

Essa receita fica também muito gostosa se em vez de coco você usar canela em pó ou chocolate para o recheio.

Maminha de panela

1 kg de maminha
20 mℓ de óleo de soja
4 tomates bem maduros
2 cebolas raladas ou picadas finamente
3 dentes de alho amassados
Sal e pimenta-do-reino a gosto
1 lata de cerveja preta
240 mℓ de água
Cebolinha e salsinha a gosto

1. Aqueça a panela de pressão.
2. Coloque o óleo e doure todos os lados da maminha.
3. Retire a maminha da panela e coloque as cebolas, o alho e os tomates em rodela no fundo da panela.
4. Coloque a maminha de volta, tempere com sal, pimenta-do-reino e acrescente a cerveja e a água.
5. Feche a panela de pressão e deixe cozinhar por 40 minutos após a panela começar a chiar.
6. Abra a panela, acrescente a cebolinha e a salsinha picadas e deixe o molho reduzir e encorpar, em fogo baixo.
7. Sirva bem quente.

DICA

Você pode abrir a panela na metade do tempo de cocção e acrescentar alguns legumes para cozinhar com a carne (pedaços grandes de batata, cenoura e até chuchu).

Salada de endívias com nozes

4 endívias

100 g de nozes

Sal e azeite de oliva a gosto

Suco de ½ limão

1. Separe as folhas de endívia.
2. Lave todas as folhas e arrume uma ao lado da outra numa travessa.
3. Faça um vinagrete com o suco de limão e o azeite, tempere com sal.
4. Bata para emulsionar.
5. Coloque as nozes grosseiramente picadas sobre as folhas de endívia e depois jogue por cima o vinagrete.

DICA

Essa salada combina muito bem com queijos e outros frios. Você pode acrescentar os de sua preferência.

Croûtons de bolo de maçã com caramelo de canela e sorvete de creme

Bolo de maçã (receita da terça-feira)

150 g de açúcar

10 g de canela em pó

50 mℓ de água

Sorvete de creme

1. Corte o bolo de maçã em cubos e asse até ficar crocante. Reserve.
2. Derreta o açúcar até dourar, acrescente a canela e a água. Deixe ferver até dissolver todo o açúcar e ficar levemente espesso.
3. Em taças, coloque uma porção de sorvete, o caramelo e, por cima, os croûtons de bolo de maçã.

Ceviche de tilápia

800 g de filé de tilápia
5 limões
1 cebola roxa grande
2 tomates
1 pimenta dedo-de-moça
2 cubos de gelo
Folhas de coentro a gosto
Sal e azeite de oliva a gosto

1. Corte os filés em cubos médios.
2. Corte a cebola em fatias finas.
3. Corte os tomates em cubos pequenos.
4. Tempere com sal, suco de limão, azeite, pimenta dedo-de-moça e coentro.
5. Enquanto estiver temperando junte dois cubos de gelo e mexa vigorosamente.
6. Sirva bem gelado.

outono

A temperatura começa a diminuir... os dias passam a ficar mais curtos, as folhas das árvores começam a amarelar e a cair... São sinais de que o outono chegou e, com ele, a necessidade de uma alimentação que aqueça e alimente. Que traga os nutrientes necessários para o corpo e a sensação de conforto para a alma.

Essa estação abrange o período de 21 de março a 20 de junho, e as temperaturas médias nessa época ficam entre 19,5 °C e 14 °C. A umidade do ar vai diminuindo no decorrer da estação e, com os dias secos, há possibilidade de queimadas. Esse ar seco com as mudanças bruscas de temperatura prejudicam o sistema imunológico e facilitam o aparecimento de gripes e resfriados. Por isso buscamos refeições restauradoras.

Mas é necessário ficarmos atentos para não exagerar nas calorias, pois para o conforto térmico o corpo começa a pedir alimentos mais calóricos, o que para muitas pessoas pode ser revertido em aumento de peso.

Produtos da estação

A quantidade de frutas à disposição no mercado é menor, e com isso os preços acabam ficando mais altos. No entanto, é possível comer bem, planejando as compras e aproveitando por completo os alimentos comprados. Busque pelas frutas cítricas, elas são mais comuns nessa época. Com elas você pode fazer deliciosos sucos e sobremesas. Os sucos garantem um reforço de vitamina C no organismo, protegendo-nos dos resfriados que vêm com a mudança da estação.

Por isso a fruta a que daremos maior atenção no outono é a tangerina. Nessa época ela é a responsável pelo perfume nas gôndolas dos supermercados. Isso acontece porque, como as demais frutas cítricas, ela possui em sua casca óleos essenciais que liberam bastante aroma. As variedades de tangerina mais encontradas e cultivadas no Brasil são a cravo, a poncã, a mexerica-do-rio e a variedade híbrida chamada morgote.

A tangerina teve origem no continente asiático, provavelmente na China, mas hoje está espalhada pelo mundo. Seu uso na culinária é bastante amplo: de sucos, sorvetes e sobremesas a molhos para acompanhar pratos salgados. Mas ela é comumente consumida *in natura*, pois é fácil de ser transportada e descascada.

O valor nutritivo difere de acordo com a variedade da tangerina, mas ela é sempre fonte de vitaminas A, B e C e, em menor quantidade, de sais minerais como cálcio, potássio, sódio, fósforo e ferro. Esses elementos propiciam saúde para pele, olhos e ossos, além de melhorar o sistema imunológico.

Para o preparo das receitas deste livro use a tangerina que existir em sua região e varie a quantidade se for necessário para adequar às receitas.

Na hora da compra procure frutas que estejam com a casca lisa, brilhante e de preferência com o cabinho, pois ele indica que a casca está realmente intacta e a fruta tem maior durabilidade. Em casa coloque-as na fruteira por no máximo dois dias. Para durar mais que isso, guarde em geladeira, por no máximo cinco dias.

Entre os legumes dessa estação vamos tratar brevemente da berinjela. Ela contém vitaminas A, B1, B2, B5, C e sais minerais como cálcio, fósforo e ferro. A vitamina B5 protege a pele e auxilia na regularização do sistema nervoso e do aparelho digestivo. Já os minerais cálcio, fósforo e ferro contribuem para a formação dos ossos, dos dentes, dos músculos e na coagulação sanguínea.

A berinjela já é famosa por auxiliar na diminuição do colesterol e redução da ação das gorduras sobre o fígado. Para isso utiliza-se seu suco geralmente associado ao suco de laranja. Também é recomendada para quem tem diabetes.

No momento da compra, procure berinjelas firmes, de cor uniforme, que sejam brilhantes e não sejam muito leves em proporção ao seu tamanho. Em casa, guarde-as na geladeira dentro de sacos plásticos por até 2 semanas. Na hora de consumir, evite a forma mais comum, que é frita, e abuse dela em saladas, salteada em caponatas ou na composição de recheios.

A berinjela é originária da China, foi levada para a Europa pelos árabes – está presente em inúmeros pratos dessa cultura – e difundida por todo o mundo. Existem diversas variedades, com cores e tamanhos bem diferenciados, sendo a mais comum no Brasil a de cor roxa escura ou preta.

Como hortaliça dessa estação escolhemos a chicória. Essa verdura, que é de origem europeia, mas está presente em várias partes do mundo, é considerada um alimento funcional, pois ela contém vitamina A, vitaminas do complexo B, vitaminas C e D, além de minerais como cálcio, ferro e fósforo. O consumo de suas folhas propicia a função diurética e auxilia contra os males do estômago e do fígado. Suas folhas também têm ação laxativa.

Na hora da compra procure pés de chicória com folhas verdes sem pintinhas escuras. Verifique também a raiz: ela deve estar firme, sem sinais de amolecimento. Para ter maior durabilidade da chicória, você deve lavar as folhas uma a uma, deixar escorrer e guardar em sacos ou potes plásticos bem fechados na geladeira.

Essa hortaliça se presta muito bem para o preparo de saladas, cremes e sopas, e ainda tem uma vocação especial para compor recheios de tortas, esfihas e pizzas. Essas opções atraem as crianças e os adultos resistentes a comer verdura.

Vejamos outros alimentos disponíveis nessa estação, ainda segundo a tabela de produtos do Entreposto Terminal de São Paulo da Ceagesp.

FRUTAS

Abacate fortuna/quintal, abiu, ameixa estrangeira, atemoia, banana-maçã, banana-nanica, caqui, carambola, cidra, cupuaçu, figo, goiaba, graviola, kiwi, laranja-baía, laranja-pera, lima-da-pérsia, limão-taiti, maçã-gala, mamão-formosa, mangostão, maracujá doce, mexerica, nectarina estrangeira, pera nacional, pera estrangeira, pêssego estrangeiro, pitaia, tamarindo, tangerina-cravo, tangerina-poncã, uva-rubi e uva estrangeira.

LEGUMES

Abóbora-d'agua, abóbora-japonesa, abóbora-paulista, abóbora-seca, abobrinha-brasileira, batata-doce amarela, batata-doce rosada, berinjela-japonesa, beterraba, cará, chuchu, ervilha-torta, gengibre, inhame, jiló, mandioca, mandioquinha, pepino-caipira, pepino, pimenta cambuci, pimenta-vermelha, tomate e tomate-salada.

HORTALIÇAS

Acelga, agrião, alface, almeirão, catalonha, chicória, escarola, espinafre, gengibre, louro, milho verde, moiashi, mostarda, nabo, orégano, rabanete, repolho, rúcula e salsa.

PESCADOS

Abrotea, bacalhau seco, badejo, berbigão, cação, camarão de cativeiro, camarão-sete-barbas, cambeva, caranguejo, carapau, cascote, cavalinha, conglio, corvina, curimbatá, espada, galo, garoupa, gordinho, guaivira, lambari, lula, mandi, meca, merluza, mexilhão, mistura, namorado, pacu, palombeta, papa-terra, parati, pargo, peroa, pescada, piau, pintado, piranha, pitangola, robalo, sardinha fresca, savelha, siri, sororoca, tainha, tilápia, xaréu e xixarro.

CARDÁPIO
Café da manhã
Bolo cremoso de milho verde
Suco de laranja com carambola
Café com leite
Almoço
Galinhada com arroz e milho verde
Legumes na manteiga
Suco de tangerina
Sobremesa: mousse de chocolate funcional
Jantar/Lanche
Escondidinho de mandioca
Salada de feijão-fradinho, bacon e banana
Suco de limão e maçã
Sobremesa: crumble de maçã
sábado

Bolo cremoso de milho verde

6 espigas de milho

4 ovos

300 mℓ de leite

20 g de manteiga sem sal

270 g de açúcar

10 g de fermento químico em pó

1. Retire os grãos de milho das espigas e leve ao liquidificador. Bata com o leite e não coe. Misture os demais ingredientes, deixando por último o fermento, e leve ao forno em forma untada com manteiga e farinha de trigo.
2. Asse em forno à temperatura de 170 °C, até dourar.

DICAS

Se preferir acrescente uma xícara de coco ralado seco.

Utilize o cabelo das espigas de milho para fazer chá. Coloque-os em agua fria, espere até que ferva e desligue o fogo. Deixe em infusão por 5 minutos, coe e leve para gelar. Esse chá é muito diurético e faz bem para os rins.

Galinhada com arroz e milho verde

1 galinha
40 mℓ de óleo de soja
240 g de arroz
1 cebola picada
4 alhos picados
100 mℓ de vinagre branco
Cúrcuma em pó a gosto
3 tomates em cubos
Pimenta-do-reino a gosto
2 espigas de milho cortadas em rodelas
Talos de salsinha e cebolinha a gosto
Salsinha e cebolinha picadas a gosto
Sal a gosto

1. Limpe bem a galinha e deixe-a de molho em um pouco de água fresca e vinagre por aproximadamente meia hora. Escorra, enxugue e corte a galinha nas juntas.
2. Aqueça bem o óleo. Junte a cebola, o alho, a cúrcuma, o milho, os tomates, a pimenta, o sal e os talos de salsinha e cebolinha.
3. Acrescente a galinha em pedaços e refogue bem, até dourá-la.
4. Ajuste o sal e adicione água fervendo aos poucos, até deixar a carne macia e o caldo espesso. Retire os talos.
5. Acrescente o arroz e refogue-o.
6. Adicione água suficiente para cozinhar e secar o arroz.
7. Ao servir, salpique o prato com salsinha e cebolinha.

DICAS

A galinha caipira é uma ótima opção para esse preparo, no entanto ela requer um tempo maior de cocção. Caso não disponha desse tempo, você pode substituir a galinha caipira por um frango.

A galinhada é um prato único, que agrada a maioria das pessoas e facilita quando você vai preparar uma refeição para mais pessoas.

Mousse de chocolate funcional

Montagem

1. Faça a massa bombe.
2. Derreta o chocolate.
3. Misture na massa bombe o chocolate derretido, a biomassa e depois, delicadamente, o creme de leite batido
4. Monte em taças.
5. Decore com raspas de chocolate.

DICAS

Utilize gemas pasteurizadas nessa preparação.

Para economizar tempo e gás, faça o dobro da receita da biomassa e congele para utilizar em outras preparações.

Escondidinho de mandioca

400 g de carne-seca dessalgada

80 g de manteiga sem sal

1 cebola cortada em cubos pequenos

2 dentes de alho picados

1 kg de mandioca em cubos

270 mℓ de leite

250 g de requeijão

100 g de queijo parmesão

Salsinha picada a gosto

Sal a gosto

1. Limpe a carne-seca e dessalgue. Cozinhe até que fique em ponto de desfiar.
2. Cozinhe a mandioca em água até que esteja macia. Amasse com um garfo.
3. Derreta 40 g de manteiga, acrescente o sal, a mandioca e corrija a textura desse purê com o leite. Reserve.
4. Faça um refogado da carne desfiada com a cebola e o alho no restante da manteiga. Ao final, com o fogo desligado, adicione a salsinha. Tome cuidado para não fritar demais e ressecar a carne.
5. Em um refratário, coloque a carne-seca, o requeijão e cubra com o purê de mandioca. Polvilhe com o queijo parmesão e leve ao forno para gratinar.

DICAS

A mandioca sem a casca pode ser congelada, mas fique atento quando for utilizar. Não descongele! Coloque-a congelada na água e cozinhe normalmente.

Esse escondidinho também pode ser feito substituindo a mandioca por batata inglesa, batata-doce ou inhame.

Salada de feijão-fradinho, bacon e banana

300 g de feijão-fradinho
180 g de bacon
1 cebola roxa pequena
2 bananas-nanicas firmes
40 mℓ de azeite de oliva
1 limão-taiti
Sal a gosto
Pimenta-do-reino a gosto
Azeite de oliva a gosto
Salsinha e cebolinha para decorar

1. Cozinhe o feijão-fradinho e escorra o caldo, ficando apenas com os grãos.
2. Corte o bacon em cubos, frite e misture no feijão, reserve.
3. Lave as bananas, descasque, separe as cascas e reserve.
4. Em uma panela, aqueça 40 mℓ de azeite e doure as bananas inteiras.
5. Depois de fritas, corte em cubos e misture no feijão-fradinho.
6. Corte a cebola em tirinhas, acrescente à salada e tempere com suco de limão, azeite, sal e pimenta-do-reino a gosto.
7. Decore com as ervas frescas.

DICAS

Você pode variar a receita alterando o tipo de feijão.

Cuidado para não deixar o feijão cozinhar demais. Os grãos devem ficar macios mas inteiros.

As cascas das bananas podem ser utilizadas na produção de uma caponata. Basta que sejam cortadas em cubos pequenos e fervidas por 5 minutos. Depois de escorrer a água da fervura, os cubos já podem ser usados. Experimente!

Crumble de maçã

Massa

40 g de manteiga sem sal

30 g de açúcar

30 g de farinha de trigo

60 g de farinha de amêndoa

3 g de sal

Recheio

150 g de creme de leite fresco

30 g de açúcar

1 ovo

3 mℓ de essência de baunilha

3 maçãs

60 g de uva-passa clara (hidratada em água fervente)

60 g de nozes picadas

1. Faça uma farofa, misturando rapidamente todos os ingredientes da massa.
2. A manteiga deve estar gelada, para que a farofa fique bem solta. Reserve.
3. Faça uma mistura com o ovo, o açúcar, o creme de leite e a baunilha.
4. Coloque em uma forma refratária a maçã cortada em cubos, as frutas secas e a mistura feita com creme de leite e baunilha.
5. Cubra com a farofa e asse em forno à temperatura de 170 °C.

DICA

Maçãs mais ácidas são ótimas para serem utilizadas nessa sobremesa.

[Crumble de maçã]

CARDÁPIO
Café da manhã
Pão sovado
Suco de laranja-pera com beterraba e gengibre
Café com leite
Almoço
Bacalhau ao forno
Arroz branco (ver p. 93)
Batatas, pimenta cambuci e azeitonas
Suco de nectarina
Sobremesa: cheesecake com geleia de frutas vermelhas
Jantar/Lanche
Pastéis de palmito e de queijo com tomate e manjericão
Suco de carambola
Sobremesa: bolo cremoso de milho verde
(elaborado no sábado)
domingo

Pão sovado

700 g de farinha de trigo

50 g de fermento biológico fresco

400 mℓ de leite morno

20 g de manteiga sem sal

2 ovos

5 mℓ de óleo

90 g de açúcar

5 g de sal

1 gema para pincelar

1. Aqueça o leite até ficar morno. Dissolva o fermento no leite, acrescente a manteiga, os ovos, o óleo, o sal, o açúcar.
2. Vá acrescentando, aos poucos, a farinha de trigo, até dar ponto à massa.
3. Sove bem e deixe crescer por 40 minutos.
4. Divida a massa em porções, modele os pães e deixe crescer novamente por aproximadamente 30 minutos.
5. Pincele com gema e asse em tabuleiro untado com farinha de trigo em forno à temperatura de 170 °C até dourar.

DICA

Você pode assar e congelar os pães para consumi-los depois.

Bacalhau ao forno

1 ½ kg de bacalhau
250 mℓ de azeite de oliva
1 ℓ de leite
5 dentes de alho
Pimenta-do-reino a gosto
2 kg de batata
100 g de azeitonas pretas sem caroço
300 g de queijo muçarela
150 g de queijo parmesão
50 g de manteiga sem sal
5 cebolas
Sal a gosto

1. Dessalgue o bacalhau, deixando-o submerso em água, por aproximadamente 48 horas, dentro da geladeira. Troque a água três vezes ao dia.
2. Cozinhe o bacalhau, dessalgado, no leite.
3. Frite as cebolas no azeite, depois acrescente o alho picado e deixe dourar levemente. Desligue o fogo e reserve.
4. Descasque e corte as batatas em cubos. Leve para cozinhar no mesmo leite em que cozinhou o bacalhau. Em seguida amasse, tempere com sal e acrescente a manteiga, fazendo um purê.
5. Em uma assadeira coloque uma camada de cebola e alho, o bacalhau cozido e desfiado grosso e uma camada de purê.
6. Cubra com uma camada de muçarela, o restante do purê, polvilhe com o queijo parmesão e leve para gratinar.

DICAS

Você pode colocar noz moscada no purê.

Reserve as aparas do bacalhau para o preparo do arroz de bacalhau.

Batatas, pimenta cambuci e azeitonas

1 kg de batata aperitivo

1 kg de pimenta cambuci em tiras médias

500 mℓ de azeite de oliva

5 dentes de alho

Alecrim a gosto

Tomilho a gosto

Louro a gosto

Sal e pimenta-do-reino a gosto

Salsinha a gosto

100 g de azeitonas pretas sem caroço

500 mℓ de vinagre de vinho branco

1. Higienize as batatas e cozinhe com casca, sem deixar amolecer muito. Reserve.
2. Em uma panela, acrescente um pouco do azeite, os dentes de alho inteiros, as especiarias e as pimentas.
3. Refogue até soltar aroma.
4. Coloque o refogado num recipiente grande, adicione as batatas, as azeitonas, cubra com o vinagre e o restante do azeite.

DICA

Pode ser armazenado em vidro e servido como conserva.

Cheesecake com geleia de frutas vermelhas

Massa

200 g de bolacha maisena triturada

100 g de manteiga sem sal

Recheio

450 g de cream cheese

100 mℓ de creme de leite fresco

135 g de açúcar

5 gemas

2 ovos

Raspas de limão

Cobertura

200 g de geleia de frutas vermelhas

1. Bata o cream cheese com açúcar até obter um creme uniforme.
2. Misture o restante dos ingredientes ao cream cheese. Reserve.
3. Prepare a massa misturando bem a manteiga e a bolacha triturada; espalhe essa mistura sobre uma forma.
4. Coloque o cream cheese sobre a massa e leve para assar em forno à temperatura de 160ºC.
5. Depois de assado, deixe esfriar e cubra com a geleia de frutas vermelhas.
6. Se desejar, coloque frutas frescas sobre a geleia.

DICAS

Você pode variar a cobertura, usando uma geleia de sua preferência. O mais interessante é usar as frutas mais baratas da estação, como morango ou tangerina.

Se preferir, utilize as frutas frescas marinadas em uma bebida alcóolica, açúcar e suco de um limão.

[Cheesecake com geleia de frutas vermelhas]

Pastéis de palmito e de queijo com tomate e manjericão

Massa

240 mℓ de água morna

35 g de manteiga sem sal

20 mℓ de óleo de soja

10 g de sal

70 mℓ de cachaça

500 g de farinha de trigo, aproximadamente

880 mℓ de óleo de soja (para fritar os pastéis)

Recheio de palmito

1 vidro de palmito em conserva

20 mℓ de azeite de oliva

1 cebola picada

2 dentes de alho picados

2 tomates picados

Sal a gosto

Pimenta-do-reino a gosto

Salsinha picada a gosto

15 g de farinha de trigo

Recheio de queijo

100 g de queijo muçarela ralado

1 ramo de manjericão fresco

1 tomate picado

Massa

1. Junte todos os ingredientes da massa, exceto a farinha, e misture bem.
2. Acrescente a farinha, aos poucos, e vá misturando e sovando com as mãos.
3. Coloque farinha até obter uma massa lisa e firme, que desgrude totalmente das mãos.
4. Sove a massa e cubra com filme plástico, deixe descansar por aproximadamente 30 minutos.
5. Abra com um rolo de massas, sempre polvilhando a superfície de trabalho com farinha, até que a massa esteja fina, com espessura de 2 mm.
6. Corte em círculos ou retângulos para colocar o recheio e modelar os pastéis.
7. Frite em óleo quente, com quantidade suficiente para que os pastéis fiquem imersos.
8. Com o auxílio de uma escumadeira, vá jogando óleo quente sobre os pastéis enquanto eles fritam por baixo. Isso vai fazer com que fiquem com as bolhas características da massa.
9. Quando estiverem dourados, retire-os do óleo e coloque-os para escorrer sobre papel-toalha.
10. Sirva quente.

Pastel de palmito

1. Refogue a cebola, o alho e o tomate no azeite.
2. Acrescente o palmito e deixe cozinhar até que esteja macio.
3. Adicione a água da conserva do palmito e o sal.
4. Para engrossar, polvilhe a farinha de trigo e misture bem.
5. Corrija o tempero e finalize com a salsinha picada.
6. Recheie os pastéis.

Pastel de queijo com tomate e manjericão

1. Rale o queijo grosseiramente e acrescente o tomate, sem as sementes, picado em cubos.
2. Finalize com as folhas do manjericão.
3. Recheie os pastéis.

DICAS

Frite os pastéis em óleo de milho.

Você pode variar os sabores dos pastéis de acordo com os ingredientes disponíveis em sua geladeira.

[Pastéis de palmito e de queijo com tomate e manjericão]

CARDÁPIO
Café da manhã
Biscoitinhos de nata
Pão sovado tostado com geleia ou manteiguinha
(pão elaborado no domingo)
Suco de laranja com goiaba
Café com leite
Almoço
Arroz de bacalhau
Salada de alface com salsa
Suco de limão
Sobremesa: arroz doce com calda de laranja
Jantar/Lanche
Talharim verde ao molho de camarão
Suco de tangerina
Sobremesa: gelatina de pêssego com creme de leite
segunda

Biscoitinhos de nata

250 g de nata

20 g de manteiga sem sal

135 g de açúcar

1 ovo

5 g de fermento químico em pó

Amido de milho o suficiente para dar ponto

1. Misture todos os ingredientes e vá adicionando o amido até dar ponto.
2. Enrole e corte como nhoque.
3. Coloque em tabuleiro untado e leve para assar em forno à temperatura de 170ºC.

Suco de laranja com goiaba

6 laranjas-pera
3 goiabas vermelhas
200 mℓ de água
Açúcar a gosto

1. Lave as goiabas e bata-as no liquidificador com a água.
2. Passe esse suco pela peneira e reserve.
3. Extraia o suco das laranjas e misture ao suco de goiaba.
4. Adoce, se achar necessário.

Arroz de bacalhau

300 g de bacalhau dessalgado em lascas (utilize as sobras do bacalhau de domingo)

Sal a gosto

Pimenta-do-reino a gosto

100 mℓ de azeite de oliva

1 pimentão vermelho

3 dentes de alho picados em brunoise

5 g de páprica doce

2 tomates maduros ralados

1 g de açafrão em pistilos

800 mℓ água

120 g de arroz

Alecrim fresco a gosto

Salsinha picada a gosto

1. Frite o bacalhau no azeite e reserve.
2. No mesmo azeite, doure levemente o alho e a páprica, junte o tomate ralado e doure bem. Retorne o bacalhau para a panela.
3. Acrescente o arroz, o pimentão e o alecrim.
4. Coloque a água aos poucos, até que o arroz esteja cozido.
5. Acrescente a pimenta e o sal se necessário e finalize com salsinha picada.

Arroz doce com calda de laranja

Arroz doce

300 g de arroz cateto

4 ℓ de leite

400 g de açúcar

Calda de laranja

400 mℓ de suco de laranja

50 mℓ de curaçau

150 g de açúcar

Canela em pau a gosto

Noz-moscada a gosto

Cravo a gosto

Arroz doce

1. Leve o leite ao fogo, quando ferver acrescente o arroz.
2. Cozinhe o arroz até amolecer.
3. Acrescente o açúcar e continue cozinhando, mexendo sempre para não grudar.
4. Quando começar a soltar bolhas e a textura ficar cremosa, desligue o fogo.

Calda de laranja

1. Derreta o açúcar até formar um caramelo. Acrescente o suco de laranja, o curaçau e as especiarias. Deixe ferver, até que derreta todo o caramelo.
2. Sirva com o arroz doce.

DICA

Cristalize as cascas da laranja e utilize como decoração.

Talharim verde ao molho de camarão

Massa

400 g de farinha de trigo

1 maço de espinafre

1 ovo

Molho de camarão

500 g de camarão-rosa médio

60 mℓ de azeite de oliva extravirgem

300 mℓ de creme de leite fresco

300 mℓ de água

15 g de farinha de trigo

20 g de manteiga sem sal

Curry a gosto

Páprica doce a gosto

Sal a gosto

Pimenta-do-reino a gosto

Massa

1. Branqueie o espinafre em água fervente com sal, esfrie rapidamente e esprema para tirar o excesso de líquido.
2. Triture o espinafre com o ovo no processador.
3. Coloque em uma bacia e vá acrescentando a farinha de trigo para fazer a massa de macarrão. Sove bem, até ter uma massa bem firme e lisa.
4. Abra a massa e corte em formato de talharim.
5. Cozinhe em água abundante e sal.

Molho

1. Limpe os camarões e separe a carcaça.
2. Lave bem as cabeças dos camarões.
3. Aqueça 30 mℓ de azeite e doure as carcaças de camarão. Junte a água e deixe ferver em fogo baixo por aproximadamente 40 minutos. Coe e reserve.
4. Coloque a manteiga em uma frigideira e junte a farinha. Deixe cozinhar, mexendo sempre, até que se desprenda o cheiro de farinha crua. Tire do fogo e reserve. Esse preparado é um espessante chamado roux, utilizado para dar textura ao molho.
5. Em uma frigideira, frite os camarões no restante do azeite quente até ficarem dourados. Reserve.
6. Na mesma frigideira, acrescente aproximadamente 300 mℓ do caldo feito com as carcaças dos camarões e o roux. Misture vigorosamente o roux com um fouet no caldo para evitar a formação de grumos.

7. Adicione o creme de leite e deixe cozinhar por aproximadamente 25 minutos. Tempere com curry, pimenta-do-reino e páprica doce.
8. Acrescente os camarões e deixe cozinhar por aproximadamente 2 minutos para aquecer e liberar sabor no molho. Reserve alguns sem colocar no molho para decorar os pratos.
9. Coloque o molho sobre a massa cozida e sirva quente.

DICAS

O período de Defeso do Camarão é regulamentado pela Instrução Normativa Ibama nº 189/08 e acontece de março a maio. Compre seu camarão fresco no litoral nos meses de junho e julho e congele, assim você ganha no preço e na qualidade.

Congele os camarões inteiros em água filtrada, de preferência em blocos pequenos.

Prepare um caldo com talos, ervas aromáticas e legumes que você tenha na geladeira. Se preferir de um sabor mais forte, utilize as cascas dos camarões.

[Talharim verde ao molho de camarão]

Gelatina de pêssego com creme de leite

60 g de gelatina sabor pêssego
150 g de creme de leite fresco
250 mℓ de água fria

1. Dissolva o pó da gelatina em 250 mℓ de água fervente.
2. Adicione a água, misture e coloque em taças para gelar.
3. Sirva com creme de leite fresco gelado e batido.

DICA

Além de ser uma sobremesa deliciosa e fácil de fazer, a gelatina faz muito bem à saúde! Você pode variar os sabores e, para enriquecer ainda mais, acrescentar frutas cortadas em cubos pequenos.

CARDÁPIO
Café da manhã
Bolo de pera
Queijo branco
Vitamina de banana e mamão
Almoço
Arroz branco (ver p. 93)
Moqueca de peixe
Farofa de dendê
Suco de tangerina-cravo
Sobremesa: torta de maçã e laranja
Jantar/Lanche
Calzone de ricota com espinafre
Salada de rúcula e agrião com molho de mostarda
Suco de graviola
Sobremesa: torta de maçã e laranja com sorvete
(torta elaborada no almoço)
terça

Bolo de pera

345 g de farinha de trigo
15 g de fermento em pó
200 g de açúcar
60 g de manteiga sem sal
100 mℓ de leite
3 ovos
Suco de 1 limão
6 peras médias cortadas em gomos grossos
5 g de canela
15 g de açúcar
300 g de creme de leite

1. Bata a manteiga com o açúcar até clarear.
2. Agregue os ovos e o suco de meio limão.
3. Coloque a farinha e o leite aos poucos.
4. Por último, acrescente o fermento.
5. Unte uma forma.
6. Despeje a massa e coloque as peras cortadas lado a lado.
7. Adicione o creme de leite sobre as peras e, por cima, o açúcar, o suco de meio limão e a canela.
8. Leve ao forno à temperatura de 150 °C.

Moqueca de peixe

1 kg de posta de cação
2 cebolas
4 dentes de alho
3 tomates
1 pimentão verde
1 pimentão vermelho
1 limão
200 mℓ de leite de coco
20 mℓ de azeite de dendê
Pimenta-do-reino a gosto
Coentro fresco a gosto
Cebolinha a gosto
Sal a gosto

1. Triture cerca de um terço dos temperos, com sal, pimenta-do-reino e limão, produzindo um creme. Deixe o peixe marinando nesse creme por aproximadamente 1 hora.
2. Forre uma panela com camadas sobrepostas de tomate, cebola e pimentão, cortados em rodelas finas, com o coentro e a cebolinha picados.
3. Adicione o peixe e cubra-o com novas camadas sucessivas de tomate, cebola, pimentões e ervas.
4. Regue com o azeite de dendê, tampe e cozinhe o peixe em fogo baixo.
5. Quando estiver macio, acrescente o leite de coco e, se necessário, mais ervas. Deixe cozinhar por mais 5 minutos e desligue o fogo.

DICA

Substitua o peixe por espécies da época, lembrando sempre que o peixe deve ser próprio para ensopados.

Farofa de dendê

230 g de farinha de mandioca

1 cebola picada

30 mℓ de azeite de dendê

Sal a gosto

1. Frite a cebola no azeite de dendê e acrescente a farinha de mandioca e o sal, misturando bem.
2. A farofa deve ficar soltinha e de cor amarelada.
3. Mexa durante uns 5 minutos até que a farinha fique crocante e desligue o fogo.

Torta de maçã e laranja

Massa

230 g de farinha de trigo

135 g de açúcar

40 g de manteiga sem sal

2 ovos

2 g de sal

5 g de fermento químico em pó

3 mℓ de essência de baunilha

Recheio

395 g de leite condensado

395 mℓ de leite

20 g de amido de milho

Cobertura

6 laranjas

4 maçãs

5 g de amido de milho

30 g de açúcar

DICA

Substitua as frutas, sempre tomando cuidado para harmonizar os sabores e as cores entre elas.

Massa

1. Em uma tigela, coloque a farinha, o açúcar, o sal e a manteiga para formar uma farofa bem solta.
2. Coloque os ovos, a essência de baunilha e misture somente até incorporar. Por último, acrescente o fermento.
3. Unte uma forma de fundo removível e forre com toda a massa. Leve para gelar por aproximadamente 20 minutos.
4. Asse em forno à temperatura de 170 °C.

Recheio

1. Em uma panela, dissolva o amido no leite, acrescente o leite condensado e leve essa mistura ao fogo.
2. Cozinhe até engrossar, mexendo sempre para não empelotar.
3. Espalhe o creme imediatamente sobre a torta, garantindo que toda a massa esteja recoberta.
4. Leve a torta para a geladeira até formar uma película sobre o creme.

Cobertura

1. Esprema as laranjas e coe o suco. Leve ao fogo o suco da laranja, o açúcar, o amido e cozinhe até engrossar, mexendo sempre. Reserve.
2. Corte as maçãs em lâminas finas e distribua sobre a torta.
3. Despeje delicadamente o creme de laranja por toda a superfície da torta. Deixe gelar.

Calzone de ricota com espinafre

Massa

35 g de fermento biológico fresco
15 g de sal
55 g de açúcar
300 mℓ de água
65 mℓ de óleo
700 g de farinha de trigo
3 gemas para pincelar

Recheio

600 g de ricota
300 g de creme de leite
1 maço de espinafre
Sal a gosto
Pimenta-do-reino a gosto
Noz moscada a gosto

Massa

1. Misture o açúcar com o fermento. Adicione a água e o óleo e misture bem.
2. Acrescente a farinha aos poucos até dar ponto. Vá intercalando o sal no momento em que estiver incorporando a farinha à massa.
3. Sove bem. Reparta em 30 bolinhas.
4. Abra as bolinhas em forma de discos e recheie com a ricota e o espinafre.
5. Modele no formato de calzone, pincele com gema.
6. Asse em forno à temperatura de 150 °C.

Recheio

1. Escalde o espinafre em água fervente e sal.
2. Pique e reserve.
3. Misture a ricota, o creme de leite, os temperos e o espinafre.
4. Recheie os calzones.

DICA

Como recheio, você pode optar pelos mais variados sabores, entre eles o de frango com requeijão, palmito, queijo, entre outros.

Salada de rúcula e agrião com molho de mostarda

1 maço de rúcula (míni)

½ maço de agrião

Molho de mostarda

100 mℓ de vinagre

50 mℓ de azeite de oliva

30 g de mostarda dijon

30 g de mel

Sal a gosto

Pimenta-do-reino a gosto

1. Lave e higienize as folhas de rúcula e agrião.
2. Prepare o molho de mostarda, emulsionando todos os ingredientes.
3. Acrescente o sal e a pimenta-do-reino. Corrija o sabor e sirva sobre a salada.

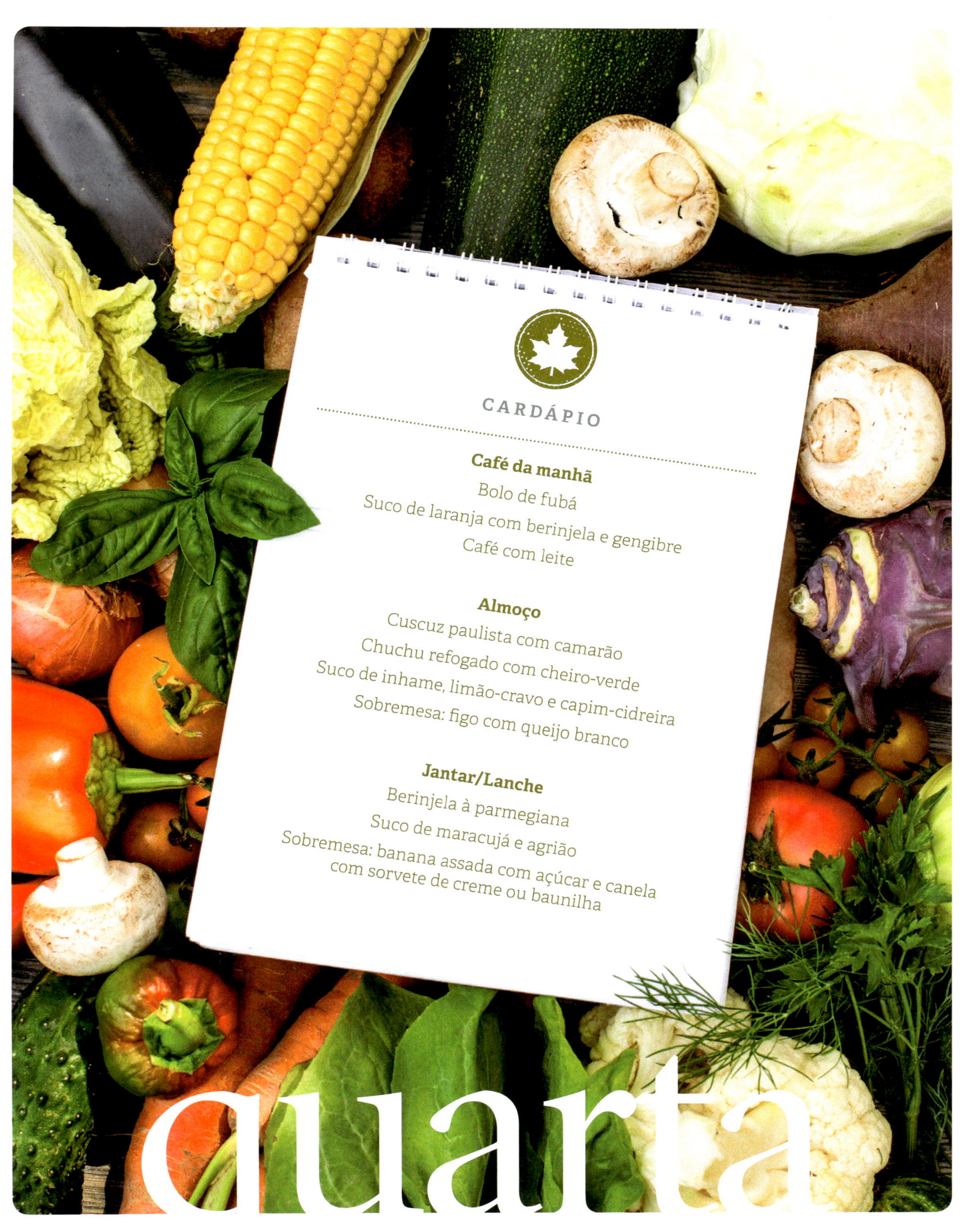
CARDÁPIO
Café da manhã
Bolo de fubá
Suco de laranja com berinjela e gengibre
Café com leite
Almoço
Cuscuz paulista com camarão
Chuchu refogado com cheiro-verde
Suco de inhame, limão-cravo e capim-cidreira
Sobremesa: figo com queijo branco
Jantar/Lanche
Berinjela à parmegiana
Suco de maracujá e agrião
Sobremesa: banana assada com açúcar e canela com sorvete de creme ou baunilha
quarta

Bolo de fubá

240 g de fubá
200 g de açúcar
115 g de farinha de trigo
70 mℓ de óleo
1 ovo
450 mℓ de leite
15 g de fermento químico em pó
Erva-doce a gosto

1. Coloque no liquidificador o ovo, o leite, o óleo, o açúcar e bata bem.
2. Despeje o conteúdo do liquidificador em uma tigela, acrescente o fubá, as sementes de erva-doce e o fermento químico. Mexa com um fouet.
3. Por último adicione a farinha de trigo e misture delicadamente até que a massa fique bem lisa.
4. Coloque em forma de pudim, untada com manteiga e farinha de trigo, e leve para assar em forno quente.

DICA

Substitua a erva-doce por cubinhos de goiabada e queijo mineiro, passados pela farinha de trigo.

Cuscuz paulista com camarão

Cuscuz

70 mℓ de azeite de oliva

300 g de camarão médio limpo

3 dentes de alho picados

2 tomates em cubos

1 cebola em cubos

130 g de extrato de tomate

2 latas de sardinhas em óleo

1 lata de ervilhas

100 g de azeitonas verdes fatiadas

3 ovos cozidos

120 g de farinha de milho em flocos

70 g de farinha de mandioca

Água quente, quanto baste

Sal a gosto

Pimenta-do-reino a gosto

Salsinha e cebolinha a gosto

Para decorar

5 camarões médios limpos e cozidos

10 mℓ de azeite de oliva

1 tomate em rodelas

Azeitonas verdes a gosto

2 ovos cozidos

Folhas de salsinha

1. Misture a farinha de milho com a farinha de mandioca. Reserve.
2. Aqueça o azeite e refogue a cebola e o alho. Acrescente o camarão, o tomate e deixe refogar. Junte o extrato de tomate e refogue por mais alguns minutos.
3. Acrescente as sardinhas em lata, sem espinhas e desfeita em pedaços, as ervilhas, as azeitonas e água quente suficiente para produzir um caldo saboroso.
4. Tempere com sal e pimenta-do-reino a gosto.
5. Deixe cozinhar por alguns minutos. Adicione os ovos cozidos picados, as ervas aromáticas e ferva novamente.
6. Adicione a mistura de farinha de milho e mandioca, de maneira que se produza um creme espesso que solte da panela, porém não muito denso.
7. Salteie os camarões que serão usados na decoração em um pouco de azeite. Reserve.
8. Unte uma forma com azeite e decore-a com os camarões salteados, as azeitonas, o tomate, as folhas de salsinha e os ovos cozidos fatiados em rodelas.
9. Despeje o cuscuz na forma assim preparada, tomando o cuidado de distribuir bem a massa, sem compactá-la demais. Deixe esfriar antes de servir.

Chuchu refogado com cheiro-verde

6 chuchus
1 cebola picada
60 mℓ de azeite de oliva
2 dentes de alho picados
Salsinha e cebolinha a gosto
Sal a gosto
Pimenta-do-reino a gosto

1. Tire a casca do chuchu e pique em cubos médios.
2. Frite o alho e a cebola no azeite e acrescente o chuchu e um pouco de água.
3. Não adicione muita água; vá adicionando aos poucos até que o chuchu amoleça.
4. Coloque o sal, a pimenta-do-reino e acrescente as ervas para finalizar.

Suco de inhame, limão-cravo e capim-cidreira

2 inhames sem casca

Talos de capim-cidreira

3 limões-cravo

1 ℓ de água

1. Coloque os ingredientes no liquidificador, exceto o limão-cravo, e processe bem. Coe.
2. Adicione o suco dos limões e adoce como preferir.
3. Sirva com gelo.

Berinjela à parmegiana

2 kg de tomates maduros para molho

1 cebola ralada

1 kg de berinjela

3 ovos batidos

200 g de queijo parmesão ralado

½ maço de manjericão

2 dentes de alho picados

400 g de muçarela

500 g de farinha de trigo para empanar

500 g de farinha de rosca para empanar

Sal a gosto

Pimenta-do-reino a gosto

Azeite de oliva

500 mℓ de óleo para fritar

1. Corte os tomates ao meio e bata no liquidificador. Coe.
2. Numa panela, coloque o óleo, doure a cebola, o alho e coloque o suco de tomate peneirado. Adicione o manjericão e deixe ferver até que o molho engrosse bastante.
3. Tempere com sal e um fio de azeite somente quando o molho já estiver bem reduzido.
4. Corte a berinjela no sentido longitudinal, em fatias de 0,5 cm de espessura. Tempere com sal, empane em farinha de trigo, ovo batido e farinha de rosca.
5. Numa frigideira, aqueça o óleo e frite as fatias de berinjela em fogo alto. Quando estiverem macias e levemente douradas de ambos os lados, retire as fatias da frigideira, escorra bem, e deixe-as secar sobre papel absorvente.

Montagem

1. Espalhe 2 a 3 colheres (sopa) do molho de tomate no fundo de uma forma.
2. Disponha de maneira ligeiramente sobreposta ⅓ de fatias de berinjela e espalhe por cima, uniformemente, 2 colheres (sopa) de queijo parmesão, um pouco de manjericão e o molho.
3. Coloque metade da muçarela e recomece a dispor os ingredientes como na primeira camada, terminando com uma camada de berinjela, queijo parmesão, manjericão, molho e a outra metade da muçarela.
4. Leve ao forno para gratinar.

[Berinjela à parmegiana]

Banana assada com açúcar e canela com sorvete de creme ou baunilha

6 bananas

60 g de açúcar

Canela em pó a gosto

Sorvete de creme ou baunilha

1. Corte as bananas ao meio, salpique açúcar, canela em pó e leve ao forno quente para assar.
2. Sirva quente com o sorvete de creme ou baunilha.

CARDÁPIO
Café da manhã
Pão de batata-doce e cebola
Suco de tangerina com uva rubi
Café com leite
Almoço
Sardinhas fritas e empanadas no fubá com patê de talos
Arroz branco (ver p. 93)
Suflê de chuchu
Suco de tomate e casca de abacaxi
Sobremesa: gelado de manga com casca
Jantar/Lanche
Macarrão com molho de calabresa enriquecido com biomassa
Suco de pera e limão-cravo
Sobremesa: curau de milho verde
quinta

Pão de batata-doce e cebola

Massa

250 g de farinha de trigo

250 g de batata-doce

10 g de sal

100 g de cebola ralada

25 g de manteiga sem sal

5 gemas para pincelar

Esponja

250 g de farinha de trigo

25 g de fermento biológico fresco

270 mℓ de água ou leite

1. Misture todos os ingredientes da esponja e deixe descansar por 1 hora.
2. Cozinha a batata-doce com a casca. Descasque, faça um purê e passe pela peneira.
3. Acrescente o purê e o restante dos ingredientes à esponja e misture até obter uma massa lisa e uniforme.
4. Divida em 2 partes.
5. Abra e enrole as duas partes em formato de baguetes.
6. Deixe descansar por 20 minutos.
7. Pincele com as gemas e asse em forno à temperatura de 160 °C.

Sardinhas fritas e empanadas no fubá com patê de talos

6 sardinhas
Suco de 2 limões
Talos de salsinha a gosto
4 dentes de alho picados
300 g de fubá
Sal a gosto
Pimenta-do-reino a gosto
500 mℓ de óleo para fritar

Patê de talos

1 cebola
2 talos de salsão picados
2 talos de salsinha picados
2 talos de cebolinha picados
1 cenoura pequena com casca ralada
150 g de maionese
50 mℓ de azeite de oliva
Sal a gosto
Pimenta-do-reino a gosto

1. Limpe as sardinhas e corte-as ao meio (formato borboleta).
2. Tempere com o suco de limão, sal, alho, pimenta-do-reino e os talos de salsinha.
3. Deixe marinando por 40 minutos.
4. Empane no fubá e frite sob imersão.
5. Sirva com o patê de talos.

Patê de talos

1. Sue a cebola picada em cubos no azeite.
2. Acrescente os talos e a cenoura ralada com a casca.
3. Coloque a salsinha e a cebolinha.
4. Misture a maionese e tempere com o sal e a pimenta-do-reino.
5. Sirva com as sardinhas.

DICA

Você pode variar os talos e substituir a maionese por creme de ricota.

Suflê de chuchu

40 g de manteiga sem sal

30 g de farinha de trigo

30 g de queijo parmesão ralado

270 mℓ de leite

3 ovos

2 chuchus refogados com alho e cebola (aproveite o chuchu refogado do dia anterior)

Sal a gosto

Pimenta-do-reino a gosto

Cebolinha a gosto

Salsinha a gosto

50 g de farinha de rosca

1. Em uma panela doure a manteiga e a farinha de trigo. Coloque o leite e cozinhe até formar um angu.
2. Retire do fogo e deixe esfriar para colocar as 3 gemas, o queijo, sal, pimenta-do-reino, cebolinha, salsinha e o chuchu refogado.
3. Bata as claras em neve e misture à massa.
4. Unte uma forma com manteiga e farinha de trigo. Coloque a massa, polvilhe a farinha de rosca e leve para assar em forno à temperatura de 150 °C por, aproximadamente, 15 minutos, ou até que o suflê cresça e fique dourado.

DICA

Você pode substituir o chuchu por outro legume, frango desfiado ou palmito.

Gelado de manga com casca

2 mangas com casca

395 g de leite condensado

300 g de creme de leite

1. Lave a manga e retire o caroço. Sem descascar, bata no liquidificador até obter um creme.
2. Acrescente o leite condensado e o creme de leite e bata até que a mistura fique homogênea.
3. Passe pela peneira para retirar o excesso das fibras.
4. Leve ao congelador por 3 horas.

DICA

Acrescente suco de um limão se preferir com mais acidez.

Macarrão com molho de calabresa enriquecido com biomassa

500 g de macarrão integral

8 tomates grandes e maduros

3 dentes de alho

1 cebola pequena

350 g de calabresa moída

70 g de biomassa (utilize a biomassa congelada ou veja preparo na página 233)

20 mℓ de azeite de oliva

Sal a gosto

Pimenta biquinho fresca a gosto

Salsinha e cebolinha a gosto

Tomilho fresco a gosto

1. Bata os tomates inteiros e a biomassa no liquidificador, passe pela peneira e reserve.
2. Doure no azeite o alho, a cebola e acrescente o suco do tomate.
3. Coloque um buquê de ervas frescas (tomilho, talos de salsinha e cebolinha verde).
4. Deixe o molho fervendo em fogo baixo até espessar bem.
5. Coloque o sal e a pimenta-do-reino, retire as ervas e reserve.
6. Em uma frigideira, frite a calabresa moída no azeite, acrescente a pimenta biquinho, a massa e finalize com o molho.

Curau de milho verde

6 espigas de milho verde

1 ℓ de leite

135 g de açúcar

3 g de sal

10 g de manteiga sem sal

Canela em pó a gosto

1. Retire a palha e os "cabelos" das espigas de milho. Lave-as e corte os grãos do milho bem rente ao sabugo. Raspe o sabugo com uma colher.
2. Em um liquidificador, bata os grãos com metade do leite por 2 minutos. Coe em uma peneira fina. Leve o preparado para uma panela e acrescente o açúcar, a manteiga e o restante do leite. Cozinhe-o em fogo alto, sempre mexendo. Assim que engrossar, junte o sal e abaixe o fogo. Cozinhe por mais alguns minutos.
3. Despeje o creme em um refratário e pulverize-o com canela em pó.
4. Sirva frio.

CARDÁPIO
Café da manhã
Pão de ló com calda de maracujá
Suco de acerola
Café com leite
Almoço
Cenoura glaceada com suco de laranja
Pernil suíno à mineira
Arroz branco (ver p. 93)
Suco de cupuaçu
Sobremesa: compota de frutas amarelas
Jantar/Lanche
Berinjela gratinada
Suco de laranja e acerola
Sobremesa: compota de frutas amarelas com queijo branco (compota elaborada no almoço)
sexta

Pão de ló com calda de maracujá

Pão de ló

230 g de farinha de trigo

270 g de açúcar

90 mℓ de água

4 ovos

Calda de maracujá

3 maracujás

90 mℓ de água

130 g de açúcar

Pão de ló

1. Na tigela da batedeira coloque as claras e a água, bata até ficarem em neve.
2. Coloque aos poucos o açúcar e continue batendo, adicione as gemas uma a uma e bata até misturar bem.
3. Retire da batedeira e acrescente a farinha de trigo aos poucos. Coloque em forma untada e asse em forno à temperatura de 170 °C, até dourar e a massa ficar firme.

Calda de maracujá

1. Retire a polpa e as sementes dos maracujás e ferva com a água e o açúcar até engrossar.
2. Sirva sobre o pão de ló. A calda vai impregnar o bolo com o sabor de maracujá e deixá-lo muito mais saboroso.

Cenoura glaceada com suco de laranja

300 g de cenoura em rodelas
30 g de mel
30 g de açúcar
270 mℓ de suco de laranja
20 g de manteiga sem sal
Água, quanto baste
Salsinha picada
Sal a gosto

1. Corte as cenouras em rodelas grossas.
2. Coloque em uma panela a cenoura, o sal, o mel, o açúcar, o suco de laranja e água suficiente para cobrir esses ingredientes.
3. Cozinhe em fogo baixo até formar uma calda espessa.
4. Acrescente a manteiga e misture bem.
5. Desligue o fogo quando as cenouras estiverem tenras, cozidas e a calda espessa e brilhante.
6. Finalize com salsinha picada.

Pernil suíno à mineira

1 kg de pernil suíno
200 mℓ de vinagre
60 g de alho amassado
2 cebolas em rodelas grossas
30 mℓ de óleo
Pimenta-do-reino a gosto
Água, quanto baste
Colorau a gosto
Sal a gosto
Salsinha picada a gosto

1. Corte o pernil em cubos e tempere com o vinagre, o sal, a pimenta-do-reino e o alho. Deixe marinar por no mínimo 2 horas.
2. Aqueça o óleo, adicione o colorau, o pernil e frite até que comece a dourar.
3. Coloque um pouco de água e o tempero da marinada, aos poucos, durante a cocção.
4. Repita esse processo até que a carne esteja macia. Corrija os temperos.
5. Acrescente a cebola e frite até murchar; por último, adicione a salsinha.

Compota de frutas amarelas

6 peras com casca, cortadas em gomos

500 g de damasco seco

200 g de uva-passa

3 carambolas cortadas em fatias

3 anis-estrelados

1 pau de canela

1½ ℓ de suco de laranja

1. Coloque todos os ingredientes em uma panela grande e leve ao fogo.
2. Cozinhe em fogo baixo com a panela entreaberta até que as peras estejam macias.
3. Desligue o fogo e deixe esfriar.
4. Reserve em geladeira por no mínimo 4 horas.
5. Sirva gelado.

Berinjela gratinada

2 berinjelas grandes
20 g de pasta de gergelim
Sal a gosto
2 dentes de alho
10 mℓ de suco de limão
1 pão francês amanhecido ralado
Queijo parmesão ralado

1. Coloque as berinjelas para assar no forno à temperatura de 160 °C, até ficarem enrugadas.
2. Corte-as ao meio e retire a polpa com cuidado para não danificar a casca.
3. Reserve as cascas.
4. Corte a polpa das berinjelas em pedaços menores e coloque em um liquidificador com o suco de limão, o sal, o alho e a pasta de gergelim. Bata por alguns instantes.
5. Quando a mistura ficar com uma cor cinza e uma consistência de pasta, desligue o liquidificador.
6. Coloque essa mistura dentro das cascas das berinjelas, salpique sobre elas o pão ralado, o queijo parmesão e leve ao forno à temperatura de 180 °C para gratinar.

inverno

Que frio! O inverno chegou, com seu clima seco e baixa umidade do ar, menor incidência de luz solar e dias mais curtos.

No Brasil o inverno compreende o período de 21 de junho a 20 de setembro, e as temperaturas médias ficam entre 10 °C e 17 °C, na região Sudeste. No entanto, devido à extensão do território, esses valores podem variar bastante, com temperaturas que vão de 30 °C, no Norte e Nordeste, a temperaturas negativas, com incidência de geadas e neve, no Sul.

Na estação mais fria do ano, nada melhor do que refeições quentes para nos aquecer e animar. Lembrando sempre do equilíbrio na hora das refeições para manter o peso e a saúde, melhor não abusar do chocolate quente ou das comidas muito gordurosas. É possível comer bem e se manter aquecido de forma saudável. O chocolate quente pode ser substituído por chás variados. As cascas das frutas desidratadas são ótimas para você diferenciar o sabor básico dos chás.

Vale também substituir saladas por sopas de legumes. Elas podem ser saborosas, bem condimentadas com especiarias e ervas frescas, mas não precisam ser ricas em gordura. Outro cuidado diz respeito às bebidas alcoólicas; evite o consumo em excesso. Elas aquecem, é verdade, mas são muito calóricas e fazem seu corpo perder líquido. Ao contrário do que se pode pensar, elas não hidratam o organismo. No início há uma sensação de hidratação, mas logo depois o álcool causa diurese, e podemos ficar desidratados. Beba água, sucos e chás para se manter aquecido, mas procure usar o mínimo possível de açúcar.

Produtos da estação

Encerra-se no inverno o período de defeso do camarão, sendo esta uma ótima época para se comprar esse crustáceo e incrementar o cardápio. Nessa estação são encontradas muitas frutas de origem brasileira, mas a maioria das nativas do Brasil, como o cupuaçu e a graviola, ainda não são tão acessíveis para quem está nas regiões Sul e Sudeste do país.

Vamos então falar de uma fruta muito saborosa, bastante utilizada no preparo de sucos e que por ser versátil, ácida e aromática também é empregada na elaboração de molhos que acompanham carnes e peixes e na confecção de sobremesas, como bolos, sorvetes e mousses. Além disso, seu óleo essencial é usado na fabricação de produtos cosméticos: o maracujá.

Essa fruta é nativa da América tropical e subtropical; seu maior produtor mundial atualmente é o Brasil, mas seu consumo já é comum em muitos lugares do mundo.

No momento da compra é necessário sentir o peso do maracujá, pois isso indica a quantidade de polpa. Outros sinais de que o fruto está em boas condições e que devem ser observados: se não há pontos de amolecimento na casca e se possui uma coloração uniforme e brilhosa. Depois da compra você pode guardá-lo dentro de sacos plásticos na geladeira, onde pode ser conservado por até quatro semanas.

Em relação aos legumes que estão em boa época no inverno, destacamos aqui a abóbora paulistinha, uma variedade de abóbora que tem menos fiapos e líquidos. Também é conhecida em algumas regiões como jerimum. É rica em vitamina A e potássio e ainda possui outros minerais em menor quantidade, como magnésio, fósforo, cálcio e silício. Devido à presença desses nutrientes a abóbora faz bem para os olhos e a pele, auxiliando ainda no sistema digestório, pois é um alimento rico em fibras.

A abóbora é ótima para o preparo de cremes e recheios doces ou salgados, para sopas, tortas, doces em conserva, para acompanhamento e saladas. É um vegetal muito versátil, possui muitas variedades e ainda tem poucas calorias!

Entre as hortaliças elegemos o agrião, que nessa época de inverno pode ser usado até como remédio contra infecções respiratórias e tosse, pois fortalece o sistema imunológico e, com a adição de mel, é um ótimo expectorante. Ajuda a prevenir anemia, reduzir a pressão arterial e manter a saúde dos olhos e da pele, por ser rico em vitaminas A, C e K, além do ácido fólico, e por contar com a presença de antioxidantes.

É bastante utilizado no preparo de saladas, sucos detox, cremes e patês. Tem sabor picante e combina bem com alimentos mais untuosos e está, ainda, presente em um prato típico da cozinha brasileira: a rabada!

Vejamos agora outros produtos disponíveis nessa estação.

FRUTAS

Abacate-breda/margarida, abacate-fortuna/quintal, abiu, acerola, atemoia, banana-maçã, banana-prata, caju, carambola, cupuaçu, graviola, jabuticaba, kiwi nacional, kiwi estrangeiro, laranja-baía, laranja-lima, laranja-pera, lima-da-pérsia, maçã Fuji, maçã Red Del, mamão-formosa, mamão-havaí, mangostão, maracujá-azedo, maracujá-doce, mexerica, morango, nêspera, quincam, sapoti, tamarindo, tangerina-morgote, tangerina-poncã.

LEGUMES

Abóbora-japonesa, abóbora-paulista, abóbora-seca, abobrinha-brasileira, abobrinha-italiana, alcachofra, batata-doce amarela, batata-doce rosada, berinjela conserva, cará, chuchu, ervilha, ervilha-torta, fava, gengibre, inhame, jiló, mandioca, mandioquinha.

HORTALIÇAS

Agrião, almeirão, aspargos, beterraba, brócolis, catalonha, cenoura, coentro, couve, couve-de-bruxelas, couve-flor, erva-doce, espinafre, folha de uva, hortelã, louro, milho verde, moiashi, mostarda, nabo, orégano, palmito, rabanete, rúcula.

PESCADOS

Anchova, bagre, berbigão, camarão de cativeiro, camarão-sete-barbas, cascote, conglio, jundiá, lambari, linguado, mandi, meca, merluza, mexilhão, namorado, olhete, ostra, palombeta, pargo, pintado, sardinha fresca, savelha, serra, sororoca, tainha, traíra, trilha, tucunaré, xaréu e xixarro.

CARDÁPIO
Café da manhã
Bolo de abobrinha
Suco de laranja com morango
Café com leite
Almoço
Cozido de carne, pimentões e pinhões
Arroz branco e orégano fresco
Suco de inhame, maracujá e maçã
Sobremesa: torta de atemoia
Jantar/Lanche
Ravióli de batata, cebolas caramelizadas e molho de amêndoas
Suco de casca de abacaxi e maracujá
Sobremesa: abacaxi grelhado com açúcar, canela e sorvete de creme
sábado

Bolo de abobrinha

4 ovos

270 g de açúcar

200 mℓ de suco de laranja

2 abobrinhas raladas com a casca

50 g de nozes picadas

100 mℓ de manteiga sem sal derretida

230 g de farinha de trigo

10 g de fermento químico em pó

1. Misture os ovos, o suco de laranja, a abobrinha ralada, as nozes e a manteiga derretida até obter uma mistura bem homogênea.
2. Acrescente a farinha de trigo peneirada e, por último, o fermento também peneirado.
3. Coloque em uma forma média, untada, e asse em forno preaquecido a 170 °C, por cerca de 35 minutos.

DICAS

Você pode cristalizar a casca da laranja e utilizar como decoração. Corte em tirinhas só a casca sem a parte branca. Ferva em água com uma pitada de sal, lave bem e repita a operação por três vezes. Depois prepare uma calda com açúcar e água, adicione as cascas e cozinhe até que a água evapore. Despeje em um papel manteiga e deixe secar.

Substitua as nozes por castanha-do-brasil, castanha-de-caju ou amêndoas.

Suco de laranja com morango

16 laranjas médias

1 bandeja de morangos

1. Lave e esprema as laranjas em um espremedor, e coloque o suco em um liquidificador.
2. Lave bem os morangos, acrescente-os ao suco de laranja, bata bem e sirva.

DICAS

Coloque as laranjas na geladeira para que fiquem geladas. Se preferir o suco fresco, não gele a laranja e utilize o morango congelado.

Compre o morango no período da safra, higienize e congele. Utilize de acordo com sua necessidade.

Cozido de carne, pimentões e pinhões

1 kg de peito bovino

50 mℓ de vinho tinto

20 mℓ de óleo de soja

1 cebola em rodelas

4 tomates maduros picados em cubos médios

4 dentes de alho picados

1 pimentão vermelho pequeno cortado em julienne

1 pimentão verde pequeno cortado em julienne

2 cenouras com casca cortadas em julienne

300 g de pinhão cozido

Sal a gosto

Vinagre de vinho tinto a gosto

1 pitada de pimenta-do-reino

Cebolinha e salsa picadinhas a gosto

1. Limpe a carne e corte em cubos. Tempere com sal, alho, pimenta-do-reino, os talos da cebolinha, salsa e vinagre. Deixe marinar por 30 minutos.
2. Cozinhe os pinhões, retire a casca e reserve.
3. Em uma panela de pressão adicione o óleo e frite a carne até dourar. Coloque o vinho e espere evaporar.
4. Acrescente os tomates e refogue até murchar. Adicione água até cobrir a carne e tampe a panela.
5. Cozinhe na pressão por 35 minutos, em fogo baixo. Certifique-se de que a carne esteja macia. Se necessário, volte ao cozimento até ficar no ponto.
6. Abra a panela, acrescente os pinhões e cozinhe por mais 10 minutos. Adicione os pimentões e a cebola, deixe cozinhando até ficarem macios.
7. Corrija os temperos, desligue o fogo e acrescente a salsa e a cebolinha bem picadas.

DICAS

Retire a casca do pinhão ainda quente, apertando sua extremidade inferior.

Se sobrar, desfie bem a carne, pique os pinhões finamente, aqueça bem e recheie o pão francês. Uma ótima opção para o lanche da tarde.

Arroz branco e orégano fresco

240 g de arroz
480 mℓ de água
2 dentes de alho picados
20 mℓ de azeite de oliva
Folhas de orégano fresco a gosto
1 ramo de tomilho fresco
Pimenta-do-reino a gosto
Sal a gosto

1. Frite o alho no azeite.
2. Adicione o arroz, lavado e escorrido, e frite bem até ficar soltinho.
3. Adicione a água, o tomilho, o sal e a pimenta do reino e deixe ferver.
4. Tampe e deixe cozinhar em fogo baixo.
5. Cozinhe até que o líquido seja absorvido e o arroz esteja macio.
6. Finalize com as folhas de orégano fresco.

DICAS

Você pode fazer um caldo de cascas de legumes e utilizá-lo no lugar da água para cocção do arroz.

Congele as sobras, para posteriormente fazer um bolo de arroz.

O tempo de cozimento do jiló é o mesmo do arroz. Quando adicionar a água adicione também 2 jilós com casca, cortados ao meio. O aroma e o sabor do seu arroz ficarão ótimos.

Suco de inhame, maracujá e maçã

2 inhames pequenos sem casca
3 maçãs-fuji
1 maracujá grande
800 mℓ de água

1. No liquidificador, coloque todos os ingredientes e processe bem.
2. Coe.
3. Adoce como preferir.
4. Sirva com gelo.

DICAS

Substitua as maçãs e o maracujá por frutas de sua preferência, mas sempre escolhendo frutas da estação.

Para escolher um bom maracujá é preciso observar seu peso: o fruto mais pesado tem mais polpa. Se a casca estiver enrugada, não há problema, observe apenas se não há processo de deterioração.

Torta de atemoia

Massa

230 g de farinha de trigo
135 g de açúcar
1 pitada de sal
40 g de manteiga sem sal
1 ovo
1 semente de cardamomo moída

Creme de confeiteiro

250 mℓ de leite
60 g de açúcar
15 g de amido de milho
3 gemas
20 g de manteiga sem sal
3 mℓ de essência de baunilha

Doce de atemoia

120 g de açúcar
2 atemoias médias em polpa
20 g de manteiga sem sal
Raspas de limão para decorar

Massa

1. Em uma tigela coloque a farinha de trigo, o açúcar, o sal e a manteiga.
2. Forme uma farofa bem solta.
3. Coloque o ovo, a semente de cardamomo e misture somente até incorporar.
4. Forre uma forma de torta e asse em forno à temperatura de 160 °C.

Creme de confeiteiro

1. Bata as gemas com o açúcar.
2. Acrescente o amido de milho e misture até ficar homogêneo.
3. Ferva o leite com a baunilha e acrescente, delicadamente, sobre a mistura de gemas.
4. Volte ao fogo até atingir a consistência desejada.
5. Por último desligue o fogo e acrescente a manteiga.

Doce de atemoia

1. Leve ao fogo o açúcar até caramelizar.
2. Adicione a polpa de atemoia e misture no caramelo até dissolver bem.
3. Finalize com a manteiga. Reserve.

Montagem

1. Desenforme a massa e distribua o creme de confeiteiro por toda a superfície da massa.
2. Coloque o doce de atemoia sobre o creme de confeiteiro.
3. Decore com as raspas de limão.

DICAS

A atemoia comprada verde demora de 2 a 3 dias para amadurecer.

No creme de confeiteiro, peneire o amido para misturar nas gemas, evitando assim a formação de grumos.

No doce de atemoia, a função da manteiga é suavizar o sabor e dar brilho ao doce.

Sirva a torta com creme de leite fresco gelado, batido e levemente adoçado.

Ravióli de batata, cebolas caramelizadas e molho de amêndoas

Massa

500 g de farinha de trigo

5 ovos

20 mℓ de azeite de oliva

3 g de sal

Água quanto baste para cozinhar o ravióli

Recheio

4 batatas

2 cebolas

100 g de uva-passa

100 mℓ de vinho branco

50 g de manteiga sem sal

Sal a gosto

Pimenta-do-reino a gosto

Molho

150 g de amêndoas com pele picadas

200 g de manteiga sem sal

Folhas de sálvia

Sal a gosto

Pimenta-do-reino a gosto

Massa

1. Em uma bancada, coloque toda a farinha de trigo, faça um buraco no meio e adicione os ovos, o sal e o azeite.
2. Misture bem até obter uma massa lisa e homogênea. Deixe repousar coberta com papel filme por 30 minutos.
3. Prepare o recheio enquanto espera a massa descansar.
4. Após o descanso, separe a massa em duas partes iguais. Abra cada uma delas com um rolo, formando duas tiras com aproximadamente 15 cm de largura.
5. Distribua pequenas quantidades de recheio (10 g), com uma pequena distância uma da outra.
6. Cubra com a outra tira de massa, apertando bem próximo ao recheio, a fim de retirar bem o ar e selar o ravióli.
7. Corte com um aro redondo de 5 cm e cozinhe em água fervente e sal.

Recheio

1. Coloque a uva-passa para hidratar no vinho.
2. Cozinhe as batatas com a casca, até ficarem macias. Retire a casca, esprema e reserve.
3. Corte as cebolas em fatias fininhas.
4. Coloque em uma frigideira a manteiga e frite as fatias de cebola até ficarem douradas e crocantes.
5. Acrescente a uva-passa hidratada e a batata espremida.
6. Coloque o sal e a pimenta-do-reino. Use para rechear a massa.

Molho

1. Derreta a manteiga e doure as amêndoas, coloque as folhas de sálvia e frite mais um pouco.
2. Acrescente a massa cozida à manteiga com as amêndoas, o sal, a pimenta e as folhas de sálvia e misture bem.
3. Decore com folhas de sálvia fresca e amêndoas torradas.

DICAS

Você deve considerar 1 ℓ de água para cada 100 g de massa a ser cozida.

Variar a batata de acordo com a oferta é sempre uma boa opção.

[Ravióli de batata, cebolas caramelizadas e molho de amêndoas]

Abacaxi grelhado com açúcar, canela e sorvete de creme

1 abacaxi em fatias
Canela a gosto
Açúcar a gosto
Sorvete de creme
Folhas de hortelã

1. Grelhar o abacaxi salpicado com açúcar e canela.
2. Servir quente com uma bola de sorvete de creme, decorada com folhas de hortelã.

DICA

Higienize o abacaxi e guarde as cascas sob refrigeração para preparar o chá gelado de casca de abacaxi e morango do jantar de domingo.

CARDÁPIO
Café da manhã
Rosca de queijo com massa de inhame
Suco de tangerina-morgote
Café com leite
Almoço
Salada de couve-flor, erva-doce e carambola
Camarão na moranga
Arroz branco (ver p. 93)
Suco de maracujá
Sobremesa: torta de morango
Jantar/Lanche
Panqueca de frango e milho verde
Salada de agrião e beterraba
Chá gelado de casca de abacaxi e morango
Sobremesa: creme de abacate e maracujá
domingo

Rosca de queijo com massa de inhame

Massa

500 g de inhame sem casca

100 mℓ de água morna

15 g de fermento biológico fresco

1 pitada de sal

30 g de açúcar

10 mℓ de óleo de soja

600 g de farinha de trigo

2 gemas para pincelar

Recheio

100 g de manteiga sem sal

150 g de queijo parmesão

300 g de creme de leite sem soro

Massa

1. Lave e descasque o inhame.
2. Coloque para cozinhar em água fervente. Passe o inhame no espremedor. Reserve a água da cocção.
3. Em uma vasilha, dissolva o fermento nos 100 mℓ de água morna da cocção.
4. Acrescente o óleo, o açúcar, o sal, o purê de inhame e metade da farinha de trigo.
5. Amasse e acrescente aos poucos o restante da farinha de trigo até dar ponto. Se necessário, acrescente um pouco mais de farinha. Sove bem.

Recheio

1. Misture todos os ingredientes até incorporar bem. Reserve.

Montagem

1. Abra a massa em formato retangular e coloque o recheio de queijo uniformemente. Enrole como um rocambole.
2. Divida o rocambole em 8 partes iguais e coloque em uma forma de pudim untada com farinha de trigo.
3. Acomode as fatias em pé.
4. Deixe crescer por 20 minutos, pincele com as gemas e leve para assar em forno à temperatura de 170 °C, por cerca de 35 minutos.

DICA

Deixe a manteiga em ponto de pomada (em temperatura ambiente por 15 minutos) isso facilitará a incorporação dos ingredientes.

Salada de couve-flor, erva-doce e carambola

1 erva-doce pequena

½ couve-flor pequena com folhas

1 carambola

Azeite de oliva

Vinagre de vinho branco

Salsinha picada a gosto

Sal a gosto

Pimenta-do-reino a gosto

1. Lave e higienize as hortaliças e a fruta.
2. Apare as partes mais firmes da erva-doce, pontas e raiz. Corte ao meio no sentido do comprimento (reserve a metade sob refrigeração). Fatie em lâminas finas no mesmo sentido. Reserve.
3. Corte a couve-flor em buquês. Reserve.
4. Em uma panela grande, coloque água, uma pitada de sal e uma colher de sopa de vinagre. Leve à fervura e branqueie a couve-flor e a erva-doce.
5. Tempere com vinagre, azeite, pimenta-do-reino e sal.
6. Disponha em uma travessa.
7. Decore com a carambola cortada em fatias na diagonal e salsinha picada.

DICAS

Utilize as folhas da couve-flor e as partes firmes da erva-doce para produzir um caldo de legumes. Enriqueça com ervas aromáticas e cascas de cebola e cenoura. Congele e utilize quando necessário.

Reserve os talos e as folhas da couve-flor higienizados para os enrolados de frios e talos de verduras da segunda-feira.

Camarão na moranga

1 kg de camarão médio
25 mℓ de azeite de oliva
3 dentes de alho
2 cebolas
1 cenoura
1 talo de salsão
5 tomates sem sementes
Sal a gosto
300 g de creme de leite sem soro
250 g de requeijão cremoso
1 abóbora-moranga
Salsinha e talos a gosto
Cebolinha e talos a gosto
Tomilho a gosto
Pimenta-do-reino a gosto
150 mℓ de caldo de camarão

1. Retire a cabeça e a casca dos camarões.
2. Em uma panela, doure a casca dos camarões em 10 mℓ de azeite. Acrescente a cenoura picada com casca, 1 cebola picada com casca, o talo de salsão, tomilho e talos de salsinha a gosto.
3. Acrescente água até cobrir os ingredientes. Ferva por 15 minutos. Coe e reserve.
4. Higienize a abóbora-moranga.
5. Retire a tampa e as sementes da abóbora.
6. Coloque talos de salsão, salsinha, cebolinha, uma pitada de sal e pimenta-do-reino no interior da abóbora-moranga. Leve ao forno micro-ondas e cozinhe em potência alta por 20 minutos. Caso não amoleça por completo, deixe por mais tempo, até cozinhar por igual. Reserve.
7. Em uma panela aqueça 15 mℓ de azeite, frite o alho e a outra cebola picados, acrescente os camarões e refogue por 5 minutos.
8. Adicione o tomate picado e o caldo de camarão. Cozinhe por cerca de 5 minutos.
9. Desligue o fogo e acrescente o creme de leite, a metade do requeijão e a salsinha e a cebolinha picadas. Corrija o tempero e reserve.
10. Coloque uma parte do requeijão no interior da moranga, acrescente o creme de camarão e finalize com o restante do requeijão. Leve ao forno para gratinar.

DICAS

Torre as sementes da abóbora-moranga e sirva como aperitivo.

Congele o caldo de camarão que sobrou da preparação para utilizar quando necessário, em risotos, sopas ou recheio de tortas.

Separe a polpa da abóbora e congele para utilizar em sopas.

Torta de morango

Massa

230 g de farinha de trigo
40 g de manteiga sem sal
135 g de açúcar
2 ovos
2 g de sal
5 g de fermento químico em pó
3 mℓ de essência de baunilha

Recheio

395 g de leite condensado
395 mℓ de leite
20 g de amido de milho
1 bandeja de morangos

Cobertura

60 g de gelatina sabor morango
600 mℓ de água

Massa

1. Em uma tigela, coloque a farinha, o açúcar, o sal e a manteiga.
2. Forme uma farofa bem solta.
3. Coloque os ovos, a essência de baunilha e misture somente até incorporar. Por último, o fermento.
4. Unte uma forma de fundo removível e forre com toda a massa. Leve para gelar por aproximadamente 20 minutos.
5. Asse em forno à temperatura de 170 °C.

Recheio

1. Leve ao fogo o leite, o leite condensado e o amido.
2. Cozinhe até engrossar.
3. Espalhe imediatamente sobre a torta, garantindo que toda a massa seja coberta.
4. Higienize os morangos e corte-os ao meio no sentido longitudinal. Coloque sobre o creme da torta e leve à geladeira até gelar o creme.

Cobertura

1. Ferva a água, retire do fogo e dissolva a gelatina.
2. Deixe esfriar em temperatura ambiente.
3. Despeje a metade da gelatina sobre os morangos. Leve para gelar.
4. Adicione o restante da gelatina de forma que cubra todos os morangos. Leve para gelar novamente.

DICAS

Substitua os morangos por outra fruta da estação. Caso utilize abacaxi, não se esqueça de cozinhar antes de utilizar.

Você pode substituir a gelatina por gel de brilho.

Panqueca de frango e milho verde

Massa

150 g de farinha de trigo
270 mℓ de leite
10 mℓ de óleo
1 ovo
5 g de fermento químico em pó

Molho branco

1 ℓ de leite
1 cebola
2 cravos-da-índia
1 folha de louro
50 g de farinha de trigo
50 g de manteiga sem sal
300 g de creme de leite
Sal a gosto
Pimenta-do-reino a gosto
Noz-moscada a gosto

Massa

1. Bata todos os ingredientes no liquidificador.
2. Frite as panquecas em frigideira untada, reserve.

Molho branco

1. Em uma panela grande derreta a manteiga, adicione a farinha de trigo e cozinhe até começar a dourar as bordas.
2. Adicione o leite frio, mexendo sempre para evitar a formação de grumos.
3. Faça um corte na cebola e insira a folha de louro. Insira também os cravos-da-índia e adicione ao molho.
4. Deixe ferver em fogo brando.
5. Reduza o fogo e cozinhe lentamente por 30 minutos, mexendo ocasionalmente.
6. Tempere com sal, pimenta-do-reino e noz-moscada. Desligue o fogo e acrescente o creme de leite.

Recheio

1 peito de frango cozido

1 cenoura com casca ralada

1 lata de milho

1 cebola

1 tomate

2 dentes de alho picados

Azeite de oliva a gosto

Sal a gosto

Pimenta-do-reino a gosto

Salsinha a gosto

Cebolinha a gosto

Queijo parmesão para gratinar

Recheio

1. Cozinhe o frango com a metade da cebola, 1 alho com casca e os talos da cebolinha e da salsinha.
2. Desfie o peito de frango e reserve.
3. Em uma frigideira adicione o azeite e doure o alho. Acrescente a cebola picada, a cenoura ralada, o sal e a pimenta e refogue bem.
4. Misture o tomate, o peito de frango desfiado e o milho. Corrija os temperos. Desligue o fogo e adicione a salsinha e a cebolinha picadas.

Montagem

1. Recheie as panquecas e as disponha em uma forma.
2. Espalhe sobre elas o molho branco e o queijo parmesão.
3. Leve ao forno para gratinar. Sirva quente.

DICA

Utilize sobras para criar recheios diferenciados. Verduras, frios e carnes assadas são boas opções.

[Panqueca de frango e milho verde]

Salada de agrião e beterraba

½ maço de agrião

2 beterrabas com folhas

1 cebola em fatias finas

Sal a gosto

Vinagre a gosto

Azeite de oliva a gosto

1. Higienize as folhas e as beterrabas.
2. Enrole as beterrabas em papel-alumínio e asse em forno à temperatura de 150 °C, até ficarem macias. Deixe esfriar e corte-as em rodelas.
3. Distribua em uma travessa as folhas do agrião, a beterraba em rodelas e as fatias de cebola.
4. Tempere com sal, vinagre e azeite no momento de servir.

DICAS

Utilize os talos e as folhas da beterraba para incrementar o molho vinagrete para saladas ou churrascos.

Reserve os talos e as folhas da beterraba higienizados para os enrolados de frios e talos de verduras da segunda-feira.

Higienize o maço todo do agrião e reserve a metade sob refrigeração, para utilizar no ossobuco com agrião, de segunda-feira.

Chá gelado de casca de abacaxi e morango

Cascas de 1 abacaxi
2 fatias de gengibre
1 bandeja de morangos congelados
1,2 ℓ de água

1. Ferva a casca do abacaxi com o gengibre.
2. Deixe esfriar e depois leve para gelar.
3. Bata com os morangos e, se preferir, adoce a gosto.
4. Sirva a seguir.

Creme de abacate e maracujá

2 abacates maduros
1 maracujá grande
395 g de leite condensado
100 mℓ de água

1. Retire as sementes do maracujá e bata em um liquidificador com a água. Coe.
2. Bata a polpa dos abacates, o suco de maracujá e o leite condensado. Distribua em taças.
3. Sirva gelado.

CARDÁPIO
Café da manhã
Enrolados de frios e talos de verduras
Suco de maçã e hortelã
Café com leite
Almoço
Ossobuco com agrião e polenta cremosa
Suco de cupuaçu
Sobremesa: torta de maçã e nozes
Jantar/Lanche
Sopa creme de abóbora e carne-seca
Suco de jabuticaba
Sobremesa: creme de cupuaçu
segunda

Enrolados de frios e talos de verduras

Massa

75 g de fermento biológico fresco
30 g de sal
105 g de açúcar
600 mℓ de água
125 mℓ de óleo
1,5 kg de farinha de trigo
4 gemas para pincelar

Recheio

½ couve-flor com as folhas
2 cenouras com as folhas
2 talos de folhas de beterraba
1 kg de muçarela ralada
400 g de peito de peru
100 g de manteiga sem sal
Sal a gosto
Pimenta-do-reino a gosto

Massa

1. Misture o açúcar no fermento, adicione a água e o óleo. Misture bem.
2. Acrescente a farinha de trigo aos poucos, até que a massa esteja lisa e homogênea e não grude nas mãos. Intercale o sal no momento em que estiver incorporando a farinha de trigo à massa.
3. Sove bem. Reparta em 6 partes.

Recheio

1. Higienize e rale a cenoura com casca.
2. Branqueie a couve-flor.
3. Pique as folhas e os talos da beterraba e da cenoura, escalde em água fervente e sal. Reserve.
4. Em uma panela derreta a manteiga e refogue rapidamente as folhas, os talos e legumes. Comece pela cenoura ralada, depois acrescente a couve-flor e por último os talos e folhas.
5. Misture a muçarela e acrescente o sal e a pimenta-do-reino.

Montagem

1. Abra cada pedaço de massa na espessura de 3 mm em um retângulo de aproximadamente 20 cm x 30 cm. Distribua no centro da massa aberta 3 fatias de peito de peru no sentido do comprimento e, sobre o peru, os legumes com a muçarela. Dobre as laterais da massa de forma que cubra todo o recheio, coloque em uma forma e pincele com as gemas. Repita o processo até finalizar toda a massa.
2. Asse em forno à temperatura de 160 ºC.

DICAS

O recheio é opcional, e você pode optar pelos mais variados sabores. Substitua pelas verduras e legumes da estação.

Aproveite os frios que possui em sua geladeira.

Suco de maçã e hortelã

4 maçãs
Folhas de hortelã a gosto
500 mℓ de água
Gelo a gosto

1. Higienize as maçãs e as folhas de hortelã.
2. Bata tudo no liquidificador com a água.
3. Coe, adoce se preferir, acrescente o gelo e sirva.

Ossobuco com agrião e polenta cremosa

Ossobuco

6 ossobucos grandes

4 tomates maduros

½ maço de agrião

4 dentes de alho picados

1 cebola grande fatiada

Vinagre a gosto

Salsinha e talos de salsinha a gosto

Sal a gosto

Pimenta-do-reino a gosto

60 mℓ de óleo

Polenta

1 ℓ de água

150 g de fubá

1 cebola pequena

15 mℓ de óleo

Sal a gosto

DICA

Aproveite as sobras do ossobuco. Retire toda a carne do osso, descarte o osso e bata com os demais ingredientes no liquidificador. Se necessário acrescente um pouco de água. Utilize na sopa do jantar.

Ossobuco

1. Amarre os ossobucos com barbante para manter o formato.
2. Tempere com alho, sal, pimenta-do-reino, salsinha, talos da salsinha e vinagre.
3. Deixe marinar por 30 minutos.
4. Em uma panela de pressão aqueça o óleo e doure o ossobuco dos dois lados.
5. Acrescente a cebola fatiada e doure.
6. Coloque os tomates e acrescente um pouco de água até cobrir a carne.
7. Tampe a panela e, assim que iniciar a pressão, marque 30 minutos.
8. Desligue o fogo e verifique se a carne está macia. Se necessário repita a operação por mais 10 minutos.
9. Assim que a carne estiver macia adicione o agrião e reduza um pouco o caldo.
10. Sirva com a polenta.

Polenta

1. Coloque o óleo na panela e doure a cebola, coloque a água e adicione o fubá na água ainda fria.
2. Acrescente o sal e mexa constantemente para cozinhar sem que empelote.
3. Sua consistência deverá ser bem cremosa. Se necessário acrescente um pouco de água fervente.
4. Sirva quente como acompanhamento do ossobuco.

Torta de maçã e nozes

Massa

230 g de farinha de trigo

40 g de manteiga sem sal

135 g de açúcar

2 ovos

5 g de fermento químico em pó

3 g de canela em pó

2 g de sal

Recheio

4 maçãs

80 g de uva-passa

80 g de nozes

40 g de manteiga sem sal

135 g de açúcar mascavo

40 mℓ de vinho tinto

Massa

1. Em uma tigela, coloque a farinha de trigo, o açúcar, o sal e a manteiga.
2. Forme uma farofa bem solta.
3. Coloque os ovos, a canela e misture somente até incorporar. Por último, acrescente o fermento.
4. Unte uma forma de fundo removível e forre com toda a massa. Leve para gelar por aproximadamente 20 minutos. Recheie e cubra com uma treliça feita com a massa.
5. Asse em forno à temperatura de 160 ºC.

Recheio

1. Coloque a uva-passa para hidratar no vinho.
2. Derreta a manteiga e doure as maçãs. Adicione a uva hidratada, o açúcar e deixe cozinhar até amolecer as maçãs.
3. Se necessário acrescente um pouco de água. Finalize com as nozes. Deixe esfriar e recheie a torta.

DICA

Você pode fazer essa torta em outros momentos do ano. Basta substituir a maçã por banana-nanica, pera, pêssego ou outra fruta que esteja com boa qualidade e preço.

Sopa creme de abóbora e carne-seca

1 cebola picada

2 talos de salsão picados

1 alho-poró picado

Polpa de uma abóbora-moranga (polpa da abóbora da produção de domingo: Camarão na moranga)

1 ℓ de caldo de ossobuco (utilizar o caldo da preparação do almoço)

1 ℓ de creme de leite

40 g de manteiga sem sal

500 g de carne-seca dessalgada, cozida e desfiada

Sal a gosto

Pimenta-do-reino a gosto

Noz-moscada a gosto (opcional)

1. Frite a cebola e o alho-poró na manteiga. Acrescente o salsão, a abóbora e refogue bem.
2. Adicione o caldo de ossobuco e deixe cozinhar até que a abóbora esteja macia.
3. Bata tudo no liquidificador para que fique cremoso.
4. Acrescente mais líquido, se necessário. Junte a carne-seca e cozinhe em fogo baixo por 15 minutos.
5. Tempere com sal, pimenta-do-reino e, se preferir, uma pitada de noz-moscada.
6. Adicione o creme de leite e corrija os temperos.

DICA

Utilize abóbora-japonesa com a casca.

Suco de jabuticaba

1 kg de jabuticaba
1 litro de água
Açúcar a gosto
Gelo a gosto

1. Bata no liquidificador a jabuticaba, o açúcar e a água.
2. Coe e sirva com gelo.

DICAS

Antes de preparar o suco, ferva a jabuticaba, esprema, coe e coloque para gelar. O sabor e a cor ficam diferentes utilizando esse processo, e o tanino da casca fica mais evidenciado.

A jabuticaba deve ser higienizada e utilizada imediatamente. Uma opção é congelar de modo fracionado, sem as cascas, para fazer o suco em diferentes datas.

Creme de cupuaçu

300 g de polpa de cupuaçu
300 g de creme de leite
395 g de leite condensado

1. Bata no liquidificador a polpa de cupuaçu, o creme de leite e o leite condensado, até obter um creme espesso.
2. Coloque o creme em um pirex e leve para gelar.

CARDÁPIO
Café da manhã
Dedal de preguiçosa com geleia de jabuticaba
Rocambole de mandioca com frios
Vitamina de morango
Café
Almoço
Fígado acebolado e jiló frito
Salada de almeirão
Arroz branco (ver p. 93)
Suco de laranja-baía
Sobremesa: creme surpresa de banana
Jantar/Lanche
Sopa cremosa de mandioquinha
Suco de mexerica com morango
Sobremesa: doce de carambola
terça

Dedal de preguiçosa com geleia de jabuticaba

400 g de farinha de trigo
105 g de açúcar
60 g de manteiga sem sal
4 gemas
3 g de fermento químico em pó
200 g de geleia de jabuticaba

Geleia de jabuticaba

500 g de jabuticaba
350 g de açúcar
150 mℓ de água
Suco de 1 limão

1. Bata o açúcar com a manteiga e acrescente, depois, as gemas.
2. Em seguida acrescente a farinha de trigo e o fermento peneirados.
3. Faça bolinhas, achate e pressione no centro, formando uma pequena cavidade.
4. Coloque a geleia de jabuticaba e leve para assar em forno à temperatura de 150 °C até começarem a dourar.

Geleia de jabuticaba

1. Lave as jabuticabas e leve para ferver com a água até que abram.
2. Passe por uma peneira e retorne ao fogo com o suco de limão e o açúcar. Ferva até chegar em ponto de geleia.

DICAS

Substitua a geleia por goiabada.

Faça o teste do ponto de geleia: em um pires, coloque um pouco da geleia ainda líquida, quando esfriar ela não deve escorrer.

Coloque a geleia em vidros esterilizados ainda quente.

Rocambole de mandioca com frios

270 mℓ de leite

45 g de açúcar

60 g de fermento biológico fresco

3 ovos

3 g de sal

200 g de mandioca cozida e amassada

1 kg de farinha de trigo

2 gemas para pincelar

Muçarela e presunto ralados a gosto

1. Misture o leite, apenas 15 g do açúcar e o fermento biológico. Deixe descansar por 1 hora.
2. Acrescente os ovos, o restante do açúcar, a mandioca cozida e a farinha de trigo até dar ponto.
3. Abra a massa, distribua o recheio a gosto, enrole e deixe crescer.
4. Após o crescimento, pincele com as gemas e leve para assar à temperatura de 170 °C até dourar.

DICAS

Substitua o recheio de acordo com sua preferência.

Prepare com um dia de antecedência para servir no café da manhã.

Fígado acebolado e jiló frito

400 g de fígado bovino
2 cebolas picadas
10 mℓ de vinagre
Sal a gosto
Pimenta-do-reino a gosto
50 mℓ de azeite de oliva
4 jilós
200 g de farinha de trigo
300 mℓ de óleo

1. Limpe o fígado, retirando a membrana e as nervuras. Corte em tiras de 2 cm de largura
2. Tempere com sal e pimenta-do-reino.
3. Aqueça 10 mℓ de azeite. Frite o fígado e repita o processo até finalizar. Coloque em uma travessa.
4. Na mesma frigideira, adicione 10 mℓ de azeite e frite a cebola, deglaceie com 10 mℓ de vinagre e continue mexendo até as cebolas amolecerem. Coloque sobre as tiras de fígado frito na travessa.
5. Fatie os jilós, tempere com sal e pimenta-do-reino e passe as rodelas na farinha de trigo. Frite no óleo sob imersão. Sirva como acompanhamento.

Salada de almeirão

1 maço de almeirão
1 cebola em fatias finas
Sal a gosto
Vinagre a gosto
Azeite de oliva a gosto

1. Higienize as folhas de almeirão.
2. Corte em tiras finas e distribua em uma travessa com as fatias de cebola.
3. Tempere no momento de servir.

Creme surpresa de banana

1ℓ de leite
3 ovos
790 g de leite condensado
45 g de amido de milho
8 bananas maduras
335 g de açúcar
Canela para polvilhar (opcional)

1. Coloque o leite, as gemas dos ovos, o leite condensado e o amido de milho em uma panela.
2. Misture bem e leve ao fogo para cozinhar, mexendo sempre até obter uma consistência de creme.
3. Em uma outra panela, derreta 135 g de açúcar e coloque as bananas cortadas ao meio no sentido longitudinal. Cozinhe até ficarem macias.
4. Bata as claras em neve, acrescente aos poucos 200 g de açúcar e continue batendo até atingir o ponto de suspiro. Reserve.
5. Coloque em um refratário de vidro a banana caramelada, o creme de leite condensado e o suspiro. Leve ao forno e asse até dourar.
6. Se desejar, polvilhe canela para servir.

DICA

Se preferir troque a banana por abacaxi ou maçã.

Sopa cremosa de mandioquinha

1 cebola picada

2 talos de salsão picados

1 alho-poró picado

750 g de mandioquinha-salsa

1 ℓ de caldo de frango congelado (ver receita na p. 374)

500 mℓ de creme de leite

40 g de manteiga sem sal

Sal a gosto

Pimenta-do-reino a gosto

1 pitada de noz-moscada (opcional)

1. Descongele o caldo de frango.
2. Em uma panela, frite a cebola e o alho-poró na manteiga. Acrescente o salsão, a mandioquinha e refogue bem.
3. Adicione o caldo de frango, previamente descongelado, e deixe cozinhar até que esses ingredientes estejam macios.
4. Retire do fogo e processe até obter um purê bem cremoso.
5. Volte para o fogo, acrescente mais caldo, se necessário, e cozinhe em fogo baixo por 10 minutos.
6. Tempere com sal, pimenta-do-reino e, se preferir, uma pitada de noz-moscada.
7. Adicione o creme de leite e corrija os temperos.

Caldo de frango

3 kg de ossos de frango
1 cebola
1 alho-poró
2 talos de salsão
1 ramo de tomilho
5 talos de salsinha
1 cravo-da-índia
1 dente de alho
2 folhas de louro

1. Lave bem os ossos de frango, escorra e leve para ferver. Escorra novamente.
2. Coloque os ossos em uma panela com 5 litros de água fria; acrescente a cebola, o alho-poró, os talos de salsão, o tomilho e os talos de salsinha. Leve para ferver em fogo baixo.
3. Sempre que necessário escume a superfície, retirando as impurezas e gorduras.
4. Cozinhe por cerca de 2 horas e, antes de finalizar, acrescente um sachet d'épices (cravo-da-índia, dente de alho e folhas de louro envoltos em um tecido, amarrado como uma trouxinha).
5. Coe, deixe esfriar e congele o caldo para utilizar de acordo com a necessidade; não esqueça de etiquetar o vasilhame.

DICA

Para congelar, divida o caldo de frango em quantidades de 500 mℓ.

Doce de carambola

8 carambolas firmes

600 g de açúcar

1,2 ℓ de água

3 cravos-da-índia

1 canela em pau

2 folhas de laranjeira

1. Corte as carambolas em fatias grossas. Reserve.
2. Leve ao fogo médio a água, o açúcar, a canela, as folhas de laranjeira e os cravos. Deixe ferver até dissolver bem o açúcar e começar a espessar.
3. Adicione as carambolas e deixe cozinhar em fogo baixo até que estejam macias.

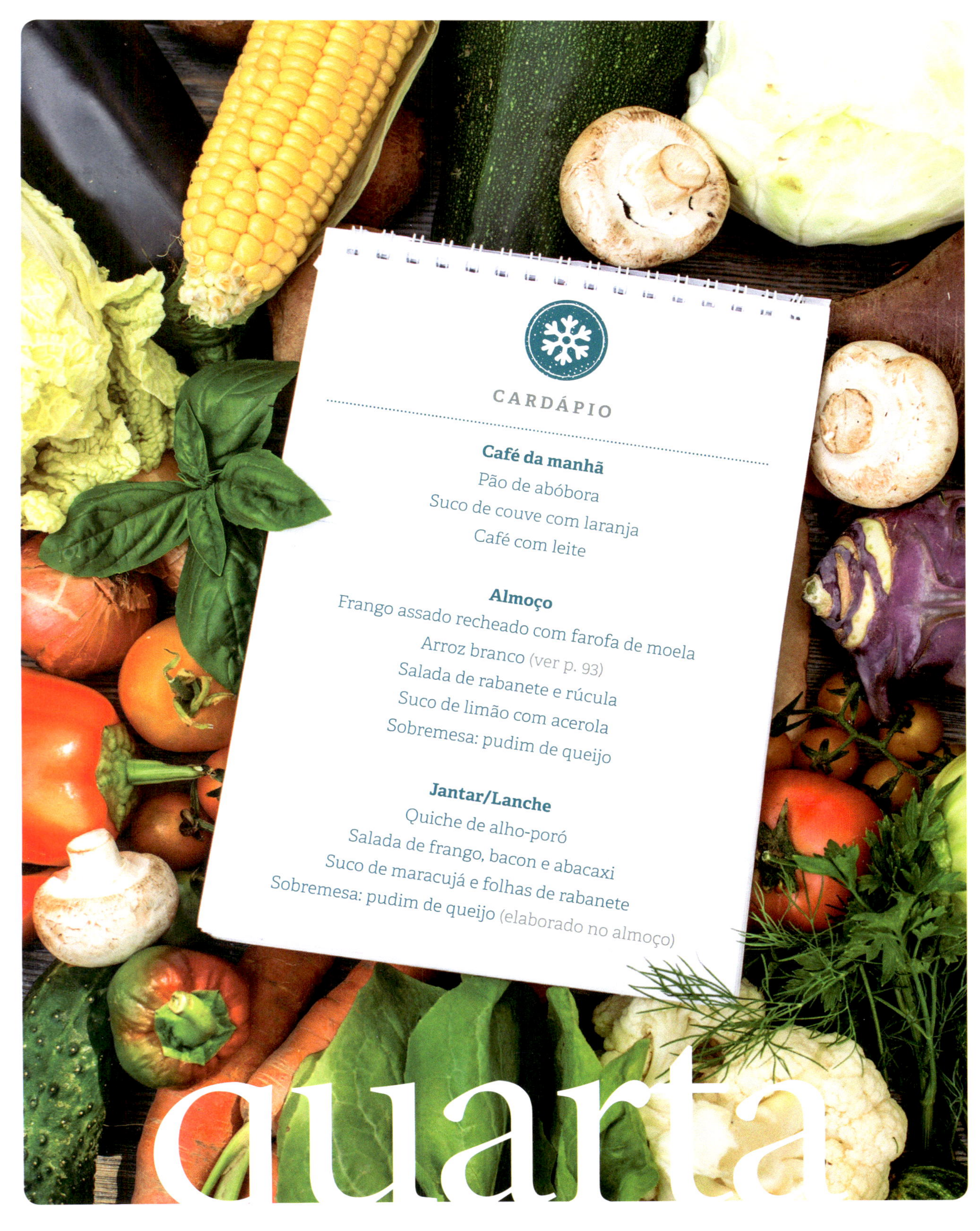
CARDÁPIO
Café da manhã
Pão de abóbora
Suco de couve com laranja
Café com leite
Almoço
Frango assado recheado com farofa de moela
Arroz branco (ver p. 93)
Salada de rabanete e rúcula
Suco de limão com acerola
Sobremesa: pudim de queijo
Jantar/Lanche
Quiche de alho-poró
Salada de frango, bacon e abacaxi
Suco de maracujá e folhas de rabanete
Sobremesa: pudim de queijo (elaborado no almoço)
quarta

Pão de abóbora

Massa

200 g de açúcar

200 mℓ de leite morno

50 g de fermento biológico fresco

5 g de casca de laranja ralada

2 ovos

250 g de abóbora-japonesa cozida e processada

800 g de farinha de trigo

20 g de manteiga sem sal

Sal a gosto

Recheio

60 g de açúcar

400 g de ricota fresca

2 ovos

200 g de uva-passa

3 mℓ de essência de baunilha

Glacê

135 g de açúcar de confeiteiro

3 mℓ de essência de baunilha

15 mℓ de água

Massa

1. Misture o açúcar com o leite e depois o fermento. Dissolva bem.
2. Adicione o sal, a manteiga, a casca de laranja, os ovos, a abóbora e, aos poucos, a farinha de trigo. Sove bem a massa e deixe descansar por 20 minutos.
3. Abra a massa em retângulo e coloque o recheio.
4. Enrole e deixe descansar por 5 minutos.
5. Asse em forno preaquecido a 170 °C até dourar.
6. Depois de frio, recubra o pão com o glacê.

Recheio

1. Amasse a ricota, junte os outros ingredientes e aplique sobre a massa aberta.

Glacê

1. Misture o açúcar de confeiteiro com a água e a essência de baunilha, bata e use para recobrir o pão depois de assado e frio.

Suco de couve com laranja

12 laranjas

1 maço de couve

Açúcar a gosto

Cubos de gelo

1. Lave e higienize todos os ingredientes.
2. Corte a laranja, esprema para extrair seu suco e coe para retirar as sementes.
3. Bata no liquidificador o suco e as folhas de couve.
4. Se preferir coe novamente.
5. Adoce, se achar necessário, e sirva gelado.

Frango assado recheado com farofa de moela

1 frango inteiro
3 limões-cravo
9 dentes de alho triturados
300 g de moela de frango limpa e picada
3 tomates picados
1 cebola picada
100 g de azeitonas sem caroço
100 mℓ de azeite de oliva
3 ovos cozidos picados
40 g de farinha de mandioca
660 mℓ de água
Pimenta-do-reino a gosto
Sal a gosto
Salsa e talos picados para decorar

1. Tempere o frango com o suco dos limões, sal, pimenta-do-reino, 6 dentes de alho picados e os talos da salsa. Deixe marinando por 3 horas.
2. Frite 3 dentes de alho, triturados, no azeite até dourar; acrescente a cebola e refogue até murchar.
3. Adicione a moela, sele rapidamente e, em seguida, acrescente o tomate. Deixe refogar.
4. Coloque metade da água (330 mℓ) e cozinhe sob pressão por 15 minutos.
5. Abra a panela e, ainda no fogo, deixe que o líquido reduza pela metade.
6. Acrescente os ovos, as azeitonas e o restante da água.
7. Deixe ferver, corrija o tempero e acrescente aos poucos a farinha de mandioca. Mexa rapidamente até o ponto de pirão.
8. Finalize com a salsa picada e utilize para rechear o frango antes de assar.
9. Retire o frango da marinada, recheie com a farofa de moela, feche a abertura com palitos ou costure com barbante e leve para assar à temperatura de 150 °C, até dourar.

Salada de rabanete e rúcula

3 rabanetes em fatias finas
1 maço de rúcula
Suco de 1 limão
Sal a gosto
Vinagre a gosto
Azeite de oliva a gosto

1. Higienize a rúcula e os rabanetes.
2. Lamine em fatias finas os rabanetes e distribua em uma travessa junto com as folhas de rúcula.
3. Tempere no momento de servir.

DICA

Reserve as folhas do rabanete higienizadas para o suco do jantar.

Pudim de queijo

500 mℓ de leite
400 g de açúcar
3 ovos
80 g de queijo meia cura ralado
100 g de farinha de trigo
40 g de coco ralado

1. Bata os ovos com o açúcar até obter um creme uniforme.
2. Misture a farinha de trigo alternando com o leite.
3. Acrescente o queijo e o coco ralados, misture bem e despeje em forma untada com manteiga.
4. Asse em banho-maria por 50 minutos, aproximadamente.

Quiche de alho-poró

Massa

50 g de banha

1 ovo

250 g de manteiga sem sal

500 g de farinha de trigo

Sal a gosto

Recheio

500 mℓ de creme de leite fresco

3 ovos

3 alhos-porós (parte branca) fatiados

50 g de manteiga sem sal

2 tomates picados

1 cebola picada

Sal a gosto

Massa

1. Misture todos os ingredientes até obter uma massa homogênea.
2. Forre uma forma de quiche com a massa, disponha sobre ela o recheio e asse em forno à temperatura de 180 ºC, até dourar.

Recheio

1. Reduza o creme de leite até espessar, reserve.
2. Doure na manteiga a cebola e o alho-poró. Adicione o creme de leite e o tomate picado.
3. Retire do fogo, deixe esfriar, misture os ovos e tempere com sal a gosto.
4. Use como recheio da massa da quiche.

Salada de frango, bacon e abacaxi

Sobras de frango
100 g de bacon picado
1 abacaxi picado
5 mℓ de azeite
1 lata de milho verde
250 g de maionese
300 g de creme de leite sem soro
Sal a gosto
Pimenta-do-reino a gosto
Mostarda a gosto
Folhas verdes

1. Descasque e pique o abacaxi. Reserve na geladeira.
2. Desfie as sobras de frango. Reserve.
3. Em uma panela, frite o bacon picado em um pouco de azeite.
4. Coloque o frango desfiado, mexa bem e vá acrescentando todos os outros ingredientes, deixando por último o abacaxi e o creme de leite.
5. Sirva gelada sobre folhas verdes.

DICA

Higienize o abacaxi e reserve a casca sob refrigeração para utilizar na preparação do bolo de sexta-feira.

CARDÁPIO
Café da manhã
Muffin de morango
Suco de milho enlatado com laranja e limão
Café com leite
Almoço
Bisteca com molho de abacaxi grelhado
Batata-doce rústica
Suco de tamarindo
Sobremesa: doce de casca de maracujá em calda e chantili
Jantar/Lanche
Penne integral à napolitana
Suco de maracujá
Sobremesa: tangerina-morgote
quinta

Muffin de morango

375 g de farinha de trigo com fermento

75 g de farinha de trigo sem fermento

115 g de açúcar mascavo

150 g de morangos frescos ou congelados

2 ovos

250 mℓ de creme de leite fresco

5 mℓ de essência de baunilha

125 g de manteiga sem sal

Açúcar de confeiteiro para polvilhar

1. Aqueça o forno a 180 °C.
2. Unte as forminhas para muffins com manteiga derretida e farinha de trigo.
3. Em uma vasilha peneire as farinhas, misture com o açúcar e os morangos picados. Achate e pressione no centro, formando uma cavidade.
4. Bata os ovos com o creme de leite e a baunilha e adicione na cavidade que fez na mistura anterior.
5. Junte a manteiga e mexa com uma colher, até os ingredientes estarem incorporados. Não mexa demais.
6. Encha cada forminha até cerca de três quartos com a massa.
7. Asse por aproximadamente 30 minutos ou até estarem secos ao introduzir um palito no centro.
8. Deixe os muffins esfriarem um pouco antes de desenformar.
9. Antes de servir, polvilhe a superfície com o açúcar de confeiteiro.

Bisteca com molho de abacaxi grelhado

Bisteca

6 bistecas suínas

Sal a gosto

Pimenta-do-reino a gosto

Vinagre branco a gosto

Talos de salsinha e cebolinha a gosto

Molho de abacaxi grelhado

1 abacaxi pequeno

Sal a gosto

100 g de manteiga sem sal

Pimenta-do-reino a gosto

10 g de açúcar

200 mℓ de vinho branco

5 g de amido de milho

Bisteca

1. Tempere as bistecas com sal, pimenta-do-reino, vinagre e os talos das ervas. Deixe marinando por 20 minutos.
2. Escorra e frite em frigideira com pouco óleo.
3. Sirva com molho de abacaxi grelhado.

Molho de abacaxi grelhado

1. Higienize o abacaxi e retire a casca.
2. Fatie o abacaxi, separe duas fatias e bata no liquidificador para obter um suco.
3. Corte as demais fatias em cubos.
4. Salpique açúcar nos cubos de abacaxi e doure na manteiga.
5. Deglaceie com o vinho branco e com o suco.
6. Adicione sal e pimenta-do-reino a gosto .
7. Ferva e espesse com o amido de milho. Sirva com as bistecas.

DICA

Você pode congelar as cascas do abacaxi higienizadas para outras preparações, como sucos, chás, água aromatizada ou bolos.

Batata-doce rústica

1 kg de batata-doce com casca cortada em pétalas

2 ℓ de caldo de frango congelado

Sal a gosto

Açúcar a gosto

Raspas de limão

Alecrim a gosto

500 mℓ de óleo para fritar

1. Cozinhe a batata-doce no caldo de frango, previamente descongelado, com sal, em fogo brando por 15 minutos ou até amolecer, mas sem desmanchar.
2. Escorra, passe em água fria e seque com papel-toalha.
3. Leve as raspas de limão e o alecrim ao forno, à temperatura de 90 °C, por 10 minutos; quando secar, triture e reserve.
4. Frite as batatas por imersão, em óleo aquecido a 180 °C, até dourar.
5. Seque com papel-toalha.
6. Polvilhe o alecrim e as raspas de limão e corrija o sal.

DICA

Você pode assar as batatas-doces em vez de fritá-las. Proceda da mesma forma até o item 3. Substitua o método de cocção de fritura sob imersão por assar com manteiga, alecrim e as raspas de limão.

Doce de casca de maracujá em calda e chantili

Cascas de 6 maracujás

270 g de açúcar

200 mℓ de água

100 mℓ de suco de maracujá

300 mℓ de creme de leite fresco batido

Cardamomo e anis-estrelado a gosto

1. Lave os maracujás ainda inteiros, corte ao meio e retire a polpa. Reserve.
2. Descasque os maracujás, aproveitando apenas a parte branca da fruta. Corte em tiras finas ou em cubos.
3. Deixe de molho na água de um dia para o outro.
4. Faça uma calda com açúcar, água e suco de maracujá, feito da polpa. Acrescente o cardamomo, o anis-estrelado e as cascas escorridas e deixe cozinhar até que fiquem macias.
5. Sirva gelado com o chantili.

Penne integral à napolitana

500 g de penne integral

1 ℓ de água

3 tomates italianos

125 mℓ de azeite de oliva

4 dentes de alho picados

Folhas de manjericão a gosto

100 g de queijo parmesão ralado grosso

Sal a gosto

1. Ferva 1 ℓ de água com sal, e cozinhe a massa *al dente*. Reserve.
2. Em uma panela aqueça o azeite e doure o alho.
3. Acrescente o tomate cortado em cubos e a massa cozida.
4. Finalize com o queijo e as folhas de manjericão.

CARDÁPIO
Café da manhã
Bolo de casca de abacaxi
Suco de acerola e morango
Café com leite
Almoço
Corvina assada com molho de camarões, banana-da-terra e pirão
Arroz branco (ver p. 93)
Suco de limão e erva-cidreira
Sobremesa: pudim de abóbora
Jantar/Lanche
Empadão de frango e talos
Suco de acerola e maracujá doce
Sobremesa: torta de limão
sexta

Bolo de casca de abacaxi

270 mℓ de suco da casca de 2 abacaxis

250 g de açúcar

6 ovos

70 mℓ de óleo de milho

300 g de farinha de trigo

15 g de fermento químico em pó

1. Bata no liquidificador as cascas com um pouco de água, coe e reserve o líquido.
2. Na batedeira bata as gemas, o óleo e o suco da casca até dobrar de volume. Reserve.
3. Bata as claras em neve e adicione o açúcar aos poucos.
4. Misture, alternadamente, o composto das gemas, a farinha de trigo e as claras em neve. Por último, o fermento peneirado.
5. Coloque em uma forma de pudim média, untada, e asse em forno preaquecido a 180 °C por cerca de 35 minutos.

Corvina assada com molho de camarões, banana-da-terra e pirão

Peixe assado

1 corvina de aproximadamente 2 kg

500 g de camarão médio

3 bananas-da-terra

3 tomates

2 cebolas

2 limões

1 pimentão verde

100 g de farinha de trigo

40 g de manteiga sem sal

200 mℓ de leite de coco

200 mℓ de caldo de peixe e camarões

130 g de extrato de tomate

900 mℓ de óleo para fritar o peixe

Salsinha e cebolinha a gosto

Tomilho a gosto

Pimenta-do-reino a gosto

Sal a gosto

Alho a gosto

1 folha de bananeira higienizada

Peixe assado

1. Tempere o peixe e os camarões com o suco de 2 limões, alho, talos de salsinha, cebolinha-verde, pimenta-do-reino e sal.
2. Deixe marinando por 40 minutos.
3. Fatie as bananas no sentido longitudinal e frite na manteiga até ficarem douradas. Escorra em papel absorvente e reserve.
4. Preaqueça o forno a 180 °C.
5. **Para o molho de peixe:** corte o pimentão, as cebolas e os tomates em cubos e refogue até que estejam dourados.
6. Coloque os camarões limpos e deixe que fritem.
7. Acrescente o extrato de tomate e refogue um pouco.
8. Adicione o leite de coco e o caldo de peixe e camarões, deixando em fogo baixo para ferver e espessar levemente.
9. Tempere com sal, pimenta-do-reino, salsinha e cebolinha.
10. Passe cada filé da corvina pela farinha de trigo e frite-os no óleo. Escorra em papel absorvente.
11. Disponha os filés sobre a folha de bananeira.
12. Coloque o molho de camarões sobre o peixe, acrescentando por cima as bananas fritas.
13. Enrole a folha de bananeira em volta do peixe e amarre com um barbante.
14. Leve ao forno quente em uma forma refratária e sirva com pirão e arroz branco.

Caldo de peixe e camarões

1 cabeça de peixe

Cabeças e cascas de 500 g de camarão

2 ℓ de água

Talos de salsão, salsinha, cebolinha a gosto

½ cebola

2 dentes de alho

Pirão de peixe

1 ℓ de caldo de peixe e camarões

2 tomates cortados em cubos

3 dentes de alho amassados

1 cebola cortada em cubos

Salsinha e cebolinha a gosto

Farinha de mandioca

Azeite de oliva

Sal a gosto

Caldo de peixe e camarões

1. Limpe os camarões e reserve as cabeças e as cascas.
2. Limpe o peixe, retire a cabeça e divida-o ao meio. Reserve a cabeça.
3. Frite as cabeças e as cascas dos camarões em óleo, até dourar.
4. Acrescente a cabeça de peixe e doure mais um pouco.
5. Acrescente a água, os talos de salsão, a salsinha, a cebolinha, a cebola e o alho e deixe ferver por aproximadamente 40 minutos. Reserve.

Pirão de peixe

1. Coloque em uma panela o azeite e doure o alho e a cebola. Acrescente o tomate, o caldo de peixe e camarões e o sal.
2. Quando ferver, adicione a farinha de mandioca até que a mistura engrosse.
3. Desligue o fogo, corrija o sal e coloque a salsinha e a cebolinha picadas.
4. Sirva imediatamente.

[Corvina assada com molho de camarões, banana-da-terra e pirão]

Pudim de abóbora

500 g de abóbora-japonesa cozida com casca e processada

50 g de manteiga sem sal

400 g de açúcar

50 g de farinha de trigo

4 ovos

100 mℓ de melado de cana

Canela em pó para polvilhar

1. Misture a abóbora ainda quente com a manteiga e deixe esfriar.
2. Adicione os ovos, o açúcar e a farinha de trigo. Misture bem, coloque em forma para pudim e leve para assar em banho-maria até dourar.
3. Retire do forno e deixe esfriar. Só desenforme depois de frio.
4. Regue com o melado de cana e polvilhe com canela.

Empadão de frango e talos

Massa

200 mℓ de leite

100 mℓ de óleo

2 ovos

5 g de fermento químico em pó

Sal a gosto

700 g de farinha de trigo

2 gemas para pincelar

Recheio

1 peito de frango grande

1 cebola

2 tomates

2 dentes de alho picados

Talos de salsão, cenoura e erva cidreira (parte branca)

1 cenoura

250 g de requeijão cremoso

100 g de farinha de trigo

Azeite de oliva

Sal a gosto

Pimenta-do-reino a gosto

Salsinha e cebolinha a gosto

Massa

1. Em uma tigela, coloque o leite, o óleo, os ovos, o fermento e o sal. Vá adicionando a farinha de trigo até que a massa não grude mais na mão.
2. Divida a massa em 2 partes, sendo uma para forrar a forma e uma menor para cobrir o empadão.
3. Abra a massa do empadão, forre a forma e recheie com o frango e o requeijão. Cubra com a outra parte da massa, pincele com gema e asse em forno à temperatura de 170 ºC.

Recheio

1. Cozinhe o peito de frango com meia cebola picada em cubos, 1 dente de alho picado, sal, pimenta-do-reino, talos de salsão, rama da cenoura, cebolinha e salsinha.
2. Desfie e reserve.
3. Em uma panela coloque um fio de azeite, doure a cebola e o alho restantes. Adicione a cenoura ralada com a casca, os tomates e o peito de frango desfiado.
4. Acrescente o caldo do cozimento do frango até cobrir.
5. Deixe ferver, corrija o sal e a pimenta-do-reino. Salpique a farinha de trigo até espessar, finalize com salsinha e cebolinha picadas.

DICA

Substitua o recheio por palmito, camarão ou legumes.

[Empadão de frango e talos]

Torta de limão

Massa

230 g de farinha de trigo
40 g de manteiga sem sal
135 g de açúcar
2 ovos
2 g de sal
5 g de fermento químico em pó
3 sementes de cardamomo moídas

Recheio

395 g de leite condensado
150 mℓ de suco de limão

Merengue

135 g de claras
270 g de açúcar
Raspas de limão

1. Em uma tigela, coloque a farinha de trigo, o açúcar, o sal e a manteiga.
2. Forme uma "farofa" bem solta.
3. Coloque os ovos, as sementes de cardamomo e misture somente até incorporar. Por último, acrescente o fermento.
4. Unte uma forma de fundo removível e forre com toda a massa. Leve para gelar por aproximadamente 20 minutos.
5. Asse em forno à temperatura de 170 °C.

Recheio

1. Misture todos os ingredientes.
2. Espalhe imediatamente sobre a torta.

Merengue

1. Misture as claras e o açúcar e leve ao fogo até ficar morno.
2. Bata na batedeira até esfriar e ficar em ponto de picos firmes.
3. Decore a torta com o merengue.
4. Volte a colocá-la no forno, ou aplique o maçarico, para dourar o merengue.
5. Decore com raspas de limão.

DICA

Substitua o limão por maracujá e decore com as sementes.

Bibliografia

CASALI, Lisa. *Cozinhando sem desperdício: receitas sustentáveis para o gourmet consciente*. São Paulo: Alaúde, 2013.

MONTANARI, Massimo. *Comida como cultura*. São Paulo: Editora Senac São Paulo, 2013.

POLLAN, Michael. *Regras da comida: um manual da sabedoria alimentar*. Rio de Janeiro: Intrínseca, 2009.

TABELA BRASILEIRA DE COMPOSIÇÃO DE ALIMENTOS (TBCA). Universidade de São Paulo (USP). Food Research Center (FoRC). Versão 6.0. São Paulo, 2017. Disponível em: http://www.fcf.usp.br/tbca. Acesso em 17-10-17.

Índice de receitas

Nestes encartes você encontrará a quantidade de ingredientes utilizados nas receitas. Assim, este material servirá como norteador no momento de realizar suas compras.

Nas páginas relativas ao **consumo diário**, a quantidade de ingredientes refere-se às receitas do dia da semana. Nessas páginas você encontrará receitas elaboradas para uma semana de cada estação do ano.

Nas páginas destinadas ao **consumo semanal**, você encontrará o total de todos os ingredientes utilizados durante a semana. Nessas páginas há também uma lista de sugestão de compras, que foi organizada tendo em conta as unidades de medidas encontradas nos supermercados e o comércio varejista de alimentos.

Planejar as compras é fundamental para economizar, alimentar-se bem e evitar desperdícios. Seguem, então, algumas dicas importantes:

- Ao sair às compras verifique sempre o seu estoque. Certifique-se da quantidade de ingredientes que se encontram em seu estoque seco e na sua geladeira.
- Em determinadas receitas estão indicadas algumas bebidas alcóolicas, que são utilizadas em poucas quantidades. Mas lembre-se: são apenas sugestões! Procure utilizar as de sua preferência e as que já existem em seu estoque.
- Os condimentos devem ser comprados à medida que vão sendo utilizados; evite comprar em grandes quantidades, pois eles perdem o aroma.
- Organize seus condimentos em embalagens de vidro que tenham uma boa vedação. Fique atento aos prazos de validade.
- Para as ervas frescas, a melhor forma de acondicionamento é embrulhá-las em papel-toalha umedecido, envolvendo-os depois em filme plástico. Após embalar, armazene nas gavetas de sua geladeira.
- Sempre que possível, realize suas compras em feiras, mercados ou lojas que vendam produtos a granel. Dessa forma você pode adquirir a quantidade que realmente vai utilizar, evitando sobras!
- A compra de farinha de rosca em padaria é sempre uma boa opção, pois além de ser mais saborosa, você consegue comprar a granel.

Boas compras!